結城　忠　著

青少年の政治参加

——民主主義を強化するために

信山社

はじめに

青少年の政治、国や社会、基本的人権、民主主義などに関する各種の意識調査によれば、この面におけるわが国の青少年のきわめてネガティブな意識と現実認識が浮き彫りになっている。諸外国の青少年と比べて、その差は著しい。また国政選挙の投票率を年齢層別に見た場合、二〇歳代の投票率は戦後ほとんどすべての選挙で最も低くなっており、二〇一六年から選挙権を享有している若年成年者（一八歳・一九歳）の投票率も概して低く、いわゆる「若者の政治離れ」は深刻な様相を呈している。

なぜ、このような現実が見られているのか。

もとより、その要因は複合的であろう。司馬遼太郎『歴史の中の日本』（一九七六年）が書いているように、「日本人の社会的人間としての性格の型をつくったのは江戸体制」で、「つねにお上を怖れる意識が、江戸期の奇蹟的な平和と安寧をもたらした」といった歴史的な背景もあるであろう。また明治憲法下、神権天皇制絶対主義国家においては民主主義や法治主義は原理的に否定され、国民は「臣民」として強度の権力支配に服し、基本的人権（政治的権利）は著しく制約されたという歴史的事実も重要であろう。

さらにわが国の学校、家庭、地域社会では歴史的にも、今日においても「政治」について語り合うような雰囲気は乏しく、「政治の非日常化」が常態化していることも、その要因の一つとして挙げられよう。

なかでも、この文脈において決定的に重要なのは、わが国における教育政策や学校教育の有りようが、青少年の人間形成や政治意識の形成に大きく影響し、「青少年の非政治化」という状況をもたらしているのではないか、ということである。

わが国の戦前法制においては、学校教育は「国の事務」として国家がこれを独占的に掌握し、その内容は「教育勅語の旨趣」によって貫徹され、政治的・宗教的・権力的色彩を濃厚に帯びていた。学校教育は兵役・納税の義務と並ぶ、臣民の国家に対する公法上の義務であった。

学校は法制上、「懲治施設」〈倫理的・権力的営造物〉として刑務所と同列に位置づけられ、学校在学関係は、刑務所収容関係と同じく、「公法上の特別権力関係」＝「特別の支配・服従関係」であるとされてきた。この理論の法的実益は大きくつぎの三点にあった。

① 学校は「特別に強められ、高められた権力主体」として、生徒に対して包括的支配権

を有する。学校内においてはもとより、学校教育と直接・間接に関係した生活領域においては、特別権力服従者である生徒は原則として基本的人権を主張しえないか、これに対する広範なコントロールを受忍しなくてはならない〈学校の包括的支配権・生徒の基本的人権に対する広範な規制の承認〉。

② 「行政内部関係としての学校関係」には法治主義原理が妥当しない。学校は法律の根拠がなくても、必要に応じて、校則により生徒の権利を制限したり、義務を課すことができる〈学校関係における法治主義原則の適用排除〉。

③ 学校の懲戒権の行使や教育措置・決定は、たとえそれが生徒の権利を侵害するものであっても、特別権力関係の内部規律行為として、原則として、これに対しては裁判上の救済が及ばない〈学校の教育措置・決定に対する裁判上の救済の排除〉。

このような反民主的・反法治主義的で官治的な行政法学の解釈理論が、戦前法制以来、長い間わが国の教育界を風靡し、学校における生徒の法的地位を強く規定してきた（きている）のである。この事実を先ず確認しておかなくてはならない。

くわえて、従来、わが国の憲法学の通説は「成年制度」という観念を媒介することによって、未成年者の人権に対する制約をあまりにも安易に、しかも一括して一般的に正当化してきた傾向があるように思われる。そこにあっては「成年制度」が一種のマジック・ワードと化し、現実には未成年者は一律に憲法の人権保障から遮断され、「憲法から自由な、民主主義・法治主義の及びえない範域」に追いやられてきた憾みがある。

実際、現行学校法制における生徒の位置づけを見ても、「教育をうける権利」（学習権・憲法二六条一項）の憲法上の保障にも拘わらず、生徒は学校法制上、「学習の主体」・「学校の構成員」としてよりも、なお依然として「教育の客体」・「学校施設の利用者」として位置づけられている。学校法令（国法レベル）はこの面では懲戒や教務関係事項について定めるに止まっており、学校における生徒の法的地位ないし権利・義務については何ら語るところがないのである。

以上のような学校法制・理論状況下において、どうして「民主的で主体的な市民」・「政治的に成熟した責任ある市民」の育成が期待できよう。

ここで確認しておきたいと思う。

通常、権利の行使は一定の判断能力を前提とするが、それは未成年期を通して徐々に形成されるものであって、成年に達すると突如として獲得されるというものではない。また権利を保障するということは、それによって生ずる責任効果を原則として本人に帰属せしめることを意味する。未成年期において次第に自己の責任を自覚させ、「自律的で成熟した責任ある市民・積極的な政治主体・主権主体」＝パブリック・シティズン（public citizen）へと準備するためにも、未成年者の年齢・成熟度に応じて段階的に、権利を保障し責任を問い、それを拡大・強化していくというアプローチが不可欠だと言える。

ところで、二〇一五年六月に公職選挙法が改正され、選挙権年齢が満一八歳以上に引き下げられたのを直接的な契機として、わが国においては俄かに高校生を対象とした「主権者教育」の必要性が声高に唱えられ、これを受けて現在、全国の高校で選挙制度に関する知識とその活用を中心とした主権者教育が実施されているところである。総務省と文部科学省が共同で作成した高校生用主権者教育の副教材「私たちが拓く日本の未来——有権者として求められる力を身に付けるために」（二〇一五年九月）は「政治に参加するために必要な力を育むためには、……日常生活のあらゆる決定場面において、他人任せにするのではなく、自分の意思を示した上で、その決定に積極的に関わる機会を持つことが必要です」と述べる（傍点・筆者、以下同様）。政治参加の前提としての「生徒の学校参加」ないし「青少年の日常的な決定への参加」という捉え方である。

敷衍すると、この副教材においては、市民の政治的な意思決定過程への参加〈民主主義〉についての知識を学ぶだけではなく、日常生活において様々なレベル・種類の参加〈民主主義〉を実際に経験することの重要性が強調されているのであり、「参加の経験蓄積ないし試行錯誤が最大の市民教育」（松下圭一『日本の自治・分権』一九九六年）という命題が強く意識されており、さしあたり高く評価されよう。

また二〇一八年三月に告示された高等学校学習指導要領によって、二〇二二年四月から年次進行で段階的に導入され、「主権者教育」においても重要な役割を期待されている新教科「公共」の目的は、「グローバル化する国際社会に主体的に生きる平和で民主的な国家及び社会の有為な形成者に必要な公民としての資質・能力を育成すること」、より具体的には、「現代社会の諸課題の解決に向け、自己と社会との係わりを踏まえ、社会に参画する主体として自立することや、他者と協働してよりよい社会を形成することなどについて考察」することにあるとされている。「民主的な国家・社会の主体的形成者への教育」・「社会に参画する自立した主体への教育」、つまりは「民主主義・政治参加への教育」・「社会の担い手・社会参加への教育」を、新教科「公共」は目指しているという。この目的もそれ自体としては積極的に評価されよう。

問題は、そこで謳われている主権者教育の理念・目的と今日のわが国の学校現実、つまりはそれをもたらしている現行の学校法制との間には著しい矛盾や乖離があるということである〈主権者教育の阻害要因としての現行学校法制〉。果たして、戦前法制（論）の残滓を色濃く残す現行の生徒法制下にあって、上記にいう主権者教育の理念・目的を実現することができるのか。

具体的には、生徒の法的地位や権利・義務に関する現行の生徒法制とその運用は、高校生の政治活動を学校の内外を問わず懲戒処分付きで全面・一律に禁止した、一九六九年一〇月の文部省見解「高等学校における政治的教養と政治的活動について」の流れを受けて、基本的には自民党文科部会の「選挙権年齢の引き下げに伴う学校教育の混乱を防ぐための提言」（二〇一五年七月）とそれを踏まえた二〇一五年一〇月の文科省通知「高等学校等における政治的教養と高等学校等の生徒による政治的活動について」に依拠しているのであるが、この文科省通知には、本文で主要な問題点について厳しく批判しているように、憲法・学校法学上重大な欠陥があり、それが「学校と政治の隔絶」・「生徒の非政治化」をもたらし、主権者教育の理念・目的の実現を著しく困難にしてしまう（している）ということである。

一方、公法上の特別権力関係論の母国ドイツにおいては、この理論が連邦憲法裁判所によって「死刑判決」（一九七二年）を受けたことにより、一九七〇年代から一九八〇年代前半にかけて、法治主義原理の学校への適用＝「学校の法治主義化」が進展し、学校法制上、学校関係は生徒・親と学校・教育行政機関との間の相互的な権利・義務関係＝公法上の法律関係として構成され、位置づけられるに至った。

また一九六〇年代末の学生・生徒による「大学・学校の民主化」要求運動を受けて、文部大臣会議の決議「学校における生徒の地位」（一九七三年）が学校法制上、長い間、「無権利客体」として位置づけられてきた生徒を、学校においても基本的人権の享有主体として認め、生徒に対して知る権利や意見表明の自由など各種の基本的人権の保障を確認し、くわえて、学説・判例上も、基本法の人権条項が学校や生徒に原則として直接適用されることが自明視されるに至ったこともあって、一九七〇年代以降、各州において「学校における生徒の権利」の法制化が急速に進展した。

こうして、今日、ドイツにおいては現行法制上、生徒は学校においても憲法上の基本権として各種の権利や自由を享有しているのであるが、刮目に値するのは、生徒の意見表明の自由、学校内でビラを配布する自由、デモの自由、生徒新聞を編集・発行する自由、政治的な生徒団体を結成する自由、生徒集会を開催する自由などの諸自由は、これを概念上一括して生徒の「政治的基本権」と観念し、生徒が学校においても「政治的基本権」を享有しているということを前提としたうえで、それぞれの基本権の内容と限界を、学校の役割や学校教育の目的、学校の教育秩序の維持、他の生徒の権利の確保などとの関係で、具体的に究明するというアプローチが採られていることである。

そして、ここで学校法制上格別に重要なのは、先に触れた文部大臣会議の決議も明記しているところであるが、「自由と民主主義への教育」、「自律への教育」、「成熟した責任ある市民への教育」、「寛容への教育」といった学校の役割や学校教育の目的が生徒に対する「政治的意見表明の自由」保障を必然的に要請するのであり、したがって、学校は生徒のこの自由を積極的に奨励しなければならないとされていることである。

くわえて、ドイツにおいては、「学校における民主主義」の現実化と「生徒の自治・自律性」の育成・強化を旨とした、生徒の「学校参加」が一九一八年以来、学校法制上の基幹的な組織原理の一つとして制度化され、今日に至っているという現実が見られている。とくに一九七〇年代に入って各州において「学校会議」が法制化されたことにより、生徒の学校教育運営への参加は格段と強化された。学校会議は学校における教員・生徒・親の同権的な責任機関で、これら三者の代表によって構成されており、現行法制上、校長、教員会議とならぶ学校の重要な管理運営機関・意思決定機関として設置されているという状況にある。

さらに、ドイツにおいては二〇〇〇年代前半からの幼児教育法制改革によって、「参加の思想と制度」は幼児教育施設にまで推し及ぼされ、多くの州で「幼稚園における園児の参加」が制度化されるまでに至っている。なぜ、ドイツはこれ程までに子どもの「参加」を重視するのか。幼稚園法の立法者意思によれば「幼稚園における園児の参加は子どもの発達の促進と基本的な民主的能力を獲得するために不可欠である」からだとされている。

上述のように、ドイツにおいては今日、生徒は学校法制上、政治的基本権をはじめ各種の基本権を保障されており、また生徒代表制などを通しての生徒の公教育運営への参加も長い伝統と豊富な経験を有しており、さらには自治体レベルの政治・行政過程への青少年の参加も市町村法上、フォーマルな制度として確立されているのであるが、この文脈において重要な役割を果たしているのが、初等教育段階からすべての州で独立の教科として制度化されている「政治教育」である。

ボイテルスバッハの合意（一九七六年）と共に、現行法制下における政治教育の基盤をなしている文部大臣会議の「民主主義教育の強化に関する勧告」（二〇〇九年）によれば、いうところの政治教育の目的は、基本法が規定する「自由で民主的な基本秩序」を基本的な前提とし、この基本秩序を維持・確保し、さらに強化するために、青少年を「法治国家的に形成された民主主義」に向けて教育することにあるとされている。こうして、学校の役割・責任が端的にこう捉えられることになる。

「学校は民主主義についての知識を教える場としての役割だけでなく、そこにおいて青少年が民主主義を経験する場でなくてはならないという重要な責任を負う。学校は民主的で人権的な価値と規範が生き続け、自らが範を示し、それらが学習される場でなくてはならない」。
　このようにドイツの学校法制、とくに学校における生徒の法的地位と政治活動および学校運営への参加に係わる法制現実と理論は、先に見た文科省見解やわが国の現行生徒法制と際立った違いを見せているのであるが、われわれはこの現実をどう考えたらよいのか。本書では学校法学の観点からこの課題に多角的にアプローチしていきたいと思う。

二〇二三年一〇月

結城　忠

目　次

青少年の政治参加

——民主主義を強化するために

序章　青少年の政治意識
——際立つ日本の青少年のネガティブな政治意識

1　一八歳選挙権制度の導入と若者の投票率

世界的には一八歳選挙権制度を採っている国が多く、オーストリアのように一六歳で選挙権を保障している国も見られているが、わが国においても漸く二〇一六年六月に施行された改正公職選挙法（以下、改正公選法）によって、選挙権年齢が満一八歳以上に引き下げられた。この公職選挙法の改正は、直接的には二〇〇七年に制定された日本国憲法の改正手続に関する法律が憲法改正のための国民投票権を「年齢満一八歳以上の者」（三条）とし、「この法律が施行されるまでの間に、年齢満一八歳以上満二〇年未満の者が国政選挙に参加することができること等となるよう……必要な法制上の措置を講ずるものとする」（附則三条）と定めていたことを受けて行われたものであった。

この改正公選法の法案は八名の議員が共同で提出したものであるが、法案提出の趣旨は下記のように説明されている。

「選挙権年齢を二〇歳から一八歳に引き下げて、できるだけ多くの若い人々の政治参加を進めることが民主主義そのものの価値を高めることにもつながること、……若い人が選挙権をもつとしても投票率が低くては困るので、主権者教育をしっかりやることが大事であること、主権者教育を行うために、文科省や総務省に対して、学習指導要領を充実し、実際に即して模擬投票を行うなど、実践的な主権者教育を学校において行うようお願いしている」(傍点・筆者)。

二〇一六年七月に行われた参議院議員選挙は、選挙権年齢が一八歳以上に引き下げられて初めて実施された国政選挙であったが、果たして、初めて選挙権を手にした一八歳・一九歳の投票率はどうであったのか。

総務省選挙部「第二四回参議院議員通常選挙結果調」によれば、一八歳は五一・一七%、一九歳は三九・六六%で、一八歳と一九歳の合計では四六・七八%であった。有権者全体の投票率より七・九二ポイント低かったが、年齢層別で最も低かった二〇歳代よりは一一・一八ポイント高かった。

翌二〇一七年一〇月に行われた衆議院議員総選挙では「一八歳・一九歳」の投票率は四〇・四九%で、有権者全体の投票率よりも一三・一九ポイント低かったが、最も低い二〇歳代よりは六・六四ポイント高かった。

二〇一九年七月に行われた参議院議員選挙での「一八歳・一九歳」の投票率は、上記二回の国政選挙よりもかなり低下し、一八歳は三五・三五％、一九歳は二八・八三％で、「一八歳・一九歳」は三二・二八％であった。有権者全体の投票率より一六・五二ポイントも低かったが、二〇歳代よりは一・三％高かった。

二〇二一年一一月に行われた衆議院議員選挙では、「一八歳・一九歳」の投票率は上記参議院選挙よりもかなり上昇し、特に一八歳は五一・一四％で一五・五二ポイント増加し、一九歳は三五・〇四％で、「一八歳・一九歳」全体は四〇・〇一％であった。有権者全体の投票率より八・七九ポイント低かったが、もっとも低い二〇歳代を三・五一ポイント上回った。

二〇二二年七月に行われた参議院議員選挙では、一八歳の投票率は三八・六七％、一九歳は三〇・三一％で、「一八歳・一九歳」は三四・四九％であった。有権者全体の投票率を一七、五六ポイント下回ったが、前回二〇一九年の参議院議員選挙より二・二一％高かった。

つぎにわが国における国政選挙での投票率の推移を見ると、一般的な傾向として、参議院議員選挙よりも衆議院議員選挙の方が投票率が高く、年齢層別に見た場合、二〇歳代の投票率が一貫して最も低いという傾向が見られている。

すなわち、衆議院議員選挙は戦後二八回実施されているが、このうち一四回で投票率は七〇％台に達し、第二八回（一九五八年）では七六・九九％を記録している。また六〇％台は八回・五〇％台は五回で、最低は第四九回（二〇二一年）の四八・八〇％となっている。

参議院議員選挙はこれまでに二五回実施されているが、このうち投票率五〇％台が一一回で最も多く、六〇％台が八回、七〇％台が四回、四〇％台が二回となっている。最も高かったのは第一二回（一九八〇年）の七四・五四％で、最低は第一七回（一九九五年）の四四・五二％となっている。

年齢層別では、衆議院選挙、参議院選挙ともに二〇歳代が一貫して最も低くなっている。二〇歳代の投票率を第三一回衆議院選挙（一九六七年）から第四九回衆議院選挙（二〇二一年）までの一九回について見ると、三〇％台が六回で最も多く、五〇％台が五回、六〇％台が四回、四〇％台が三回となっている。最高は第三一回（一九六七年）の六六・六九％、最低は第四七回（二〇一四年）の三二・五八％となっている。

つぎに参議院選挙における二〇歳代の投票率を第一五回（一九八九年）から第二五回（二〇一九年）までの一一回について見ると、第一五回（四七・四二％＝最高）と第一七回（二五・一五％＝最低）を除く九回はすべて三〇％台前半に止まっている。

以上からは、①わが国における国民の政治参加意識〈有権者全体の投票率〉は相対的には決して低くはない。しかし、②年齢層別にみた場合、二〇歳代の投票率は戦後ほとんどすべての国政選挙で最も低くなっており、また二〇一六年から選挙権を享有している一八歳・一九歳の投票率も概して低く、いわゆる「若者の政治離れ」は深刻な様相を呈している、ことが知られる。

2　青少年の政治意識に関する国際調査から

〈1〉日本青少年研究所の「中学生・高校生の生活と意識に関する調査」から

日本青少年研究所が二〇〇八年九月から一〇月にかけて、日本、アメリカ、中国、韓国の中学生と高校生を対象として実施した「中学生・高校生の生活と意識」に関する比較調査は広範な内容に及んでいるが、そのうち生徒と政治・社会との関係、学校内外における生徒の人権や「自治」・「参加」などに係わる項目を摘出し、これに関する生徒の意識や現実認識を見ると、以下のようである。

①「青少年が社会問題や政治問題に参加することについてどう思うか」、との質問に対して、「参加すべきだ」「参加した方がいい」との肯定回答が中学生、高校生とも四ヵ国すべてで高い割合を示している。最も高いのは中国で、わが国にあっても高校生は七割以上がそう思っている。わが国でも高校生は政治・社会問題への参加について概して積極的な姿勢を示している。

②「青少年にかかわる問題を解決する際、青少年に参加する権利を保障している」と思

うかとの事実認識を問うたところ、肯定回答は中国が六〇%台半ばで最も高く、アメリカがこれに次いでいる。わが国の場合、中学生、高校生ともに二割強で、四ヵ国の中で最も少なくなっている。

注目しなくてはならないのは、日本の場合、「わからない」と答えた生徒が中学生、高校生ともに半数を超え、突出して多くなっているという事実である。他の三カ国にあってはその割合は一割強から三割弱に止まっている。子どもの権利条約によって保障されている意見表明権とそれに基づく生徒の参加権について、わが国の生徒は半数以上が無知であるという現実が見られている。これに関する教育・普及活動とその制度化が必要とされているということであろう。

③「学校の生徒自治活動への参加」意識を問うたところ、日本の場合、「参加したい」は中学生、高校生ともに四カ国のなかで最も少なく、いずれも一割代前半に止まっている。肯定回答率が最も高い中国では中学生、高校生ともに二人に一人が「参加したい」と思っており、アメリカでもいずれも四割台を占めている。

これに対して「参加したくない」は日本では中学生、高校生ともに三割弱で、その割合は「参加したい」のほぼ三倍に達している。わが国における低調な生徒会活動の現実が反映されていると言えようか。

④「校則は生徒の意見を反映しているか」について見ると、「反映している」と答えた生徒の割合は日本では中学生、高校生ともに一〇％台前半で、韓国とともに低くなっている。肯定回答が最も多いアメリカとの間には中学生、高校生ともに二割程度の差が見られている。

一方、「反映していない」との否定回答は中学生、高校生ともに三五％で、三人に一人がそう思っている。校則の制定過程に生徒が参加するなど、生徒の意思を反映した校則はわが国においては未だマイノリティーに属しているようである。

⑤「学校の運営について生徒が意見を述べる」ことについて、学校は「生徒の意見を聞く必要はない」と思っている生徒は四カ国のすべてで少なく、わが国の場合、中学生、高校生ともに六％強にすぎない。

これに対して、「積極的に意見を述べるべき」が四ヵ国いずれにおいても最も多くなっており、その割合は中学生、高校生とも韓国が最も高く、わが国は高校生で六割を超え、中学生も半数以上を占めて、これに次いでいる。中学生、高校生の二人に一人は自らが所属する学校の有りようについて関心をもち、これについて積極的に発言すべきだと考えている。「生徒の学校参加」意識はわが国においても決して低くはないと言えよう

⑥　学校が「生徒を処分する時、その生徒に弁明の機会」を与えているかについては、

「よくわからない」が中学生、高校生ともに四ヵ国すべてで最も多く、とくにわが国の高校生にあっては七割を超えている。生徒に対する懲戒処分の実態は、事柄の性質上、一般の生徒には分かり難いということが関係していると言えようか。

学校は生徒に対して弁明の機会を「与える」と認識している生徒は、中学生、高校生ともにわが国が四カ国の中で最も少なく、最も多い中国の五分の一以下となっている。

⑦ 生徒は「自分に対する人権の保障」についてどのように受け止めているのか。肯定回答率（「とても満足」＋「まあ満足」）が最も高いのは中国で、中学生、高校生ともに六割前後を占めており、アメリカでも両者ともに五割台にある。

これに対して、日本と韓国の生徒の満足度は一割～二割台に止まっており、中学生は日本がもっとも低くなっている。わが国の生徒、なかでも中学生は自らに対する人権保障を不満に思っており、この事実は上記④の校則は生徒の意見を反映していないとの認識とも符合している。

⑧ 自分と社会との関係について、「社会は複雑で関与したくない」と思っている生徒が、日本は中学生、高校生ともに四ヵ国の中で最も多くなっており、二人に一人がそう思っている〈中＝五三・六％、高＝四八・七％〉。しかし一方では、上記①にあるように、生徒の政治・社会問題への参加意識は概して積極的なのであり、この結果と必ずしも符合していな

い。

⑨「私個人の力では政府の決定に影響を与えられない」と思っている生徒が、日本は中学生、高校生ともに四ヵ国の中で最も多くなっており、しかもその割合は中学生で七割、高校生で八割を超えている。アメリカや中国と比較すると、中学生、高校生ともに四割近く多くなっている。

⑩自分が参加することによって「社会現象を少し変えられるかもしれない」と思っている生徒は、高校生ではアメリカが最も多くて七割近くを占め、中国や韓国でも六割台にあるが、日本では三割強にすぎず、四ヵ国の中で最も少なくなっている。中学生の場合も同様である。

これに比例して、否定回答は、日本の場合、中学生で六割弱、高校生では七割弱を占め否定傾向が強くなっている。日本の生徒の政治・社会問題への参加意識は比較的高いのであるが（上記①）、実際に自分達が参加しても社会は変わらないとの認識である。

以上、生徒と政治・社会との関係、学校内外における生徒の人権保障や「自治」・「参加」などに係わる一〇項目について、日本、アメリカ、中国、韓国の生徒の回答傾向を見たのであるが、全体として、この領域における日本の中学生と高校生のネガティブな意識と現実認識が浮き彫りになっていると言える。

〈2〉 日本財団の「一八歳意識調査――社会や国に対する意識調査」から

日本財団が二〇一九年九月から一〇月にかけて、インド、インドネシア、韓国、ベトナム、中国、イギリス、アメリカ、ドイツおよび日本の九ヵ国の一七歳・一八歳・一九歳（以下、若者）を対象として実施した「社会や国に対する意識」に関する国際比較調査は、若者に対して、自分自身や自分と国や社会との係わり、解決すべき社会課題、自国の将来展望などについて問うたものであるが、この調査からは、これらの設問に対する日本の若者のきわめてネガティブな意識と現実認識が浮き彫りになっている。すべての設問に対して日本の若者の肯定回答率は調査対象国九ヵ国の中で最も低くなっているのである。

具体的に見ていくと、

まず◎「自分を大人だと思っている」若者は韓国を除くすべての国で六五％を超え、インド、中国、イギリス、アメリカの四ヵ国では八〇％を超えているのに対して、日本は三割を切っている。日本の若者の三人に二人は自分を大人だと思ってはいない。

つぎに◎「自分は責任ある社会の一員だと思っている」かであるが、日本と韓国以外の七ヵ国では、肯定回答はすべて八〇％を超えている。日本は最も少なく、これら七ヵ国よりも概ね半数近く少なくなっている。

◎「将来の夢をもっている」若者は日本と韓国を除くすべての国で九〇％を超えている。

日本は半数を超えてはいるものの、九ヵ国の中で最も少なく、他国よりも概ね三割近く少なくなっている。

◎「自分で国や社会を変えられると思っている」若者は、インド、インドネシア、中国、アメリカでは六〇％台を占め、他の四ヵ国でもほぼ五割台にあるが、日本は二割弱で突出して少なく、ここでも九ヵ国の中で最も少なくなっている。

◎「自分の国には解決したい社会課題がある」と思っている若者は、日本以外の国では七割台以上を占めているが、日本では五割を切り、調査対象国の中で最低となっている。

「解決したい社会課題」の内訳を見ると、日本では「貧困をなくす」がトップで、以下、「政治をよくする」、「社会的弱者に対する差別をなくす」、「障害者が住みやすい社会をつくる」と続いているが、ドイツ、イギリス、アメリカなどでは「気候変動対策」、「健全な海の確保」などの環境問題と「貧困をなくす」が上位を占めている。

◎「社会課題について、家族や友人など周りの人と積極的に議論している」若者は、日本と韓国を除く七ヵ国で概ね七割台以上を占めているが、日本では三割弱で突出して少なく、九ヵ国の中で最低となっている。「政治の日常化」とは程遠い現実である。

◎自分の国の将来について、「よくなる」と思っている若者が日本と韓国を除くアジアの四ヵ国で過半数を超えている。これに対して、日本では肯定回答は一割を切っており、九ヵ国の中で最も少なくなっている一方で、「悪くなる」がイギリスに次いで多く、「変わらない」と「どうなるかわからない」も九ヵ国中最多で、国の将来に展望がもてない若者が多くなっている。

◎「自分の国は将来、どのような国になって欲しいか」との設問に対しては、日本では「平和な国」が最も多く、以下、「国民の幸福度が高い国」、「経済的に豊かな国」、「差別のない国」の順で上位を占めている。「平和な国」を挙げた若者は九ヵ国中七ヵ国で最も多い。

◎「どのようにして国の役に立ちたいか」との設問に対しては、日本では「きちんと働き納税する」が最も多く、「学業に励み立派な社会人となる」、「ボランティアをする」、「選挙を通じて政治に参加する」と続いている。このうち「学業に励み立派な社会人となる」と「ボランティアをする」は九ヵ国すべてで上位を占めているが、ドイツでは「選挙を通じて政治に参加する」が最も多くなっているのが注目される。

〈3〉 内閣府の「我が国と諸外国の若者の意識に関する調査」から

内閣府が二〇一八年一一月から一二月にかけて、日本、韓国、アメリカ、イギリス、ドイツ、フランスおよびスウェーデンの七ヵ国の一三歳から二九歳（以下、若者）を対象として実施した標記の国際比較調査は、①人生観関係、②国家・社会関係、③地域社会・ボランティア関係、④職業関係、⑤学校関係、⑥家庭関係の六領域について、若者の意識や現実認識を問うたものであるが、このうち、本書のテーマと強く係わる②国家・社会関係および⑤学校関係の二領域についてだけ、その結果を見ると、先に見た日本財団「一八歳意識調査」と同じく、日本の若者のきわめてネガティブな意識と現実認識が浮き彫りになっている。上記二領域の設問に対して日本の若者の肯定回答率は調査対象国七ヵ国の中で最も低くなっている。

具体的に見ていくと、先ず、◎「今の自国の政治にどのくらい関心があるか」との問いに対する肯定回答率（「非常に関心がある」＋「どちらかといえば関心がある」）は、日本を除くすべての国で五〇％台を超え、最も高いドイツでは七割を超えているのに対して、日本は四割強に止まっている。日本の若者のほぼ二人に一人は、自国の政治にさしたる関心はないのである。

つぎに広く若者の政治・社会参加と係わって、◎「子供や若者が対象となる政策や制度については子供や若者の意見を聴くようにすべき」だと思っている者は、日本でも七割弱を占め比較的多いが、しかし日本を除くすべての国では七割を超えており、日本は七ヵ国の中で最も少なくなっている。

◎「社会をよくするため、社会における問題の解決に関与したい」と思っている若者は、日本を除くすべての国で五〇％台半ばを超え、トップのドイツでは七五・五％に達しているが、日本は四割強で、ここでも七ヵ国の中で最も少なくなっている。

また日本では◎「将来の国や地域の担い手として積極的に政策決定に参加したい」、◎「私の参加により、変えてほしい社会現象が少し変えられるかもしれない」と思っている者は共に三〇％台前半で、◎「私個人の力では政府の決定に影響を与えられない」と思っている者は六割弱を占めている。ただその一方で◎「政策や制度については専門家の間で議論して決定するのが良い」との専門家への委託論や、◎「社会のことは複雑で、私は関与したくない」の二項目については、否定回答が肯定回答を上回っている。

◎「自国にはどのような社会問題があるか」との設問に対しては、「若者の意見が反映されてない」、「よい政治が行われていない」、「学歴によって収入や仕事に格差がある」の三項目については、国によって傾向性が認められ、いずれについても肯定回答率は韓国が最も高く、フランスがこれに次ぎ、日本が三割前後で三位を占めている。

◎「自国の社会に満足しているか」との設問に対しては、満足度が最も高いのはドイツで（六八・九％）、以下、スウェーデン、アメリカ、イギリスと続いているが、日本は四割を切っており、七ヵ国中、最も低くなっている。

◎「学校生活に満足しているか」との問いに対しては、調査対象国七ヵ国のすべてで肯定回答率が概して高く、七ヵ国のうち、四ヵ国では肯定回答率は八割を超えている。

学校生活の満足度はドイツが最も高く、八七・九%に達している。

ただ日本だけは七割を切っており、七ヵ国の中で最も少なくなっている。

関連して、「学校に通う意義」については、日本の若者は「一般的・基礎的知識を身に付ける」をトップに挙げており、以下、「自由な時間を楽しむ」、「学歴や資格を得る」、「友達と友情をはぐくむ」の三項目で肯定回答が七割を超えている。

参考までに、「教育費の負担」について、「基本的には、本人またはその親が費用を負担すべき」（受益者負担）か、「基本的には、社会全体で費用を負担すべき」（社会・公共負担）か、の設問に対しては、アメリカを除くすべての国で社会・公共負担を支持する若者が多くなっている。最も多いのは福祉国家を標榜するスウェーデン（六三・七%）で、ドイツ、フランスとこれに続き、日本でもほぼ二人に一人はそう思っている。

一方、市場主義的な教育費の受益者負担を支持する若者はアメリカが最も多く（四六・九%）、日本がこれに次いでいる。

〈4〉 内閣府の「社会意識に関する世論調査」から

内閣府が二〇二〇年一月に実施した「社会意識に関する世論調査」は、一八歳以上の日本国民を対象として、国や社会との関わり、社会の現状に対する認識、国の政策に対する評価などについて、一六項目にわたって問うたものであるが、このうち本書のテーマと関係する項目を取り上げ、これについての回答傾向を年齢層別に見ると、以下のようになっている。

【何か社会のために役立ちたいと思っているか】

「思っている」は全体で六割強を占め、最も高いのは「五〇―五九歳」が七割強、最低は「七〇歳以上」の五割強である。「一八―二九歳」は六割弱で「七〇歳以上」に次いで低い。

具体的にどのような活動で社会貢献したいかを見ると、「社会福祉に関する活動」が三〇％台半ばで最も多く、「自然・環境保護に関する活動」、「町内会などの地域活動」と続いている。

【日本の国や国民について、誇りに思うこと】

最も多いのは「治安のよさ」（五六・四％）で、「美しい自然」、「長い歴史と伝統」の順となっている。肯定回答率はやや落ちるが、「一八―二九歳」もほぼ同じ傾向を示している。

【現在の社会に全体として満足しているか】

「満足している」は六二・二％で、「満足していない」（三七・〇％）を大きく上回っている。最も満足度が高いのは「七〇歳以上」で、「一八―二九歳」も六割を超えている。

具体的に何に満足しているかを見ると、「良質な生活環境が整っている」（四二・〇％）が最高で、「心と身体の健康が保たれる」、「働きやすい環境が整っている」と続いている。

前二項目はすべての世代で一位、二位を占めている。

【現在の社会において満足していない点は何か】

「経済的なゆとりと見通しがもてない」（四三・九％）に次いで、「若者が社会での自立を目指しにくい」（三一・五％）が第二位に挙げられているのが目につく。当該世代である「一八―二九歳」でもそう思っている者が二割を超えている。

【国の政策に国民の考えや意見がどの程度反映されていると思うか】

「反映されていると思う」は三割弱に過ぎず、「反映されていないと思う」が七割近くに達している。否定回答は「三〇―三九歳」では七五％にも達しており、「一八―二九歳」でも六割を超えている。政治離れが指摘される若者を含めて、七割近くの国民が国の政策に自分たちの政治意思が反映されていないと見ている事実は、民主主義を標榜するわが国としては重要である。

それでは具体的に、「どうすればよりよく反映されるようになると思うか」との問いに対しては、「政治家が国民の声をよく聞く」が最多で（二四・九％）、以下、「国民が国の政策に関心をもつ」、「国民が選挙のときに自覚して投票する」、「政府が世論をよく聞く」、「国民が参加できる場をひろげる」の順となっている。年齢層別に見ると「国民が国の政策に関心をもつ」が「一八―二九歳」の若者で最も多く（二八・三％）、「国民が参加できる場をひろげる」も第三位になっているのが注目される。

第Ⅰ部　青少年の自治体政治・行政への参加

第1章　日本国憲法と地方自治

1　日本国憲法による地方自治権の保障

明治憲法には「地方自治」に関する条項はなく、そこで地方制度の有りようは法律によって自在に決することができたが、日本国憲法はとくに第八章に「地方自治」と題して独立の章を設け、地方自治を国家組織の不可欠の構成要素として憲法上厚く保障している。日本国憲法が「地方自治」を憲法上の基本原理として保障し、確立した意義はどこにあるのか。

第一に、明治憲法下における著しく中央集権的な官治行政を制度原理的に廃棄し、地方行政を各自治体ないし地域住民の自律と連帯にもとづく自己決定に委ねるという、地方分権を制度上確立したことである。これにより、住民の意向や要望に即し、地域の実情にあった行政を展開することが可能となった。

第二に、地方自治は住民の基本的人権の保障にとって必須かつ不可欠であるということが挙げられる。地方自治は本来、「民主主義の原理を基礎として、中央集権化傾向によって生じる現代国家の危険性をいわば制御し、もって国民の基本的権利を保護せんとするもの」（永井憲一編『コンメンタール教育法Ⅰ・日本国憲法』一九七八年）なのである

第三に、地方自治は民主政治の基礎であり、社会を民主化する土壌であるということが指摘できる。住民が自己の責任と判断で地域の課題を自主的に解決していく訓練に努めれば、社会全体の民主化にも連なるからである。J．ブライスがその著『近代民主政治』（一九二一年）のなかで、「地方自治は民主政治の最良の学校であり、その成功の最良の保証人である」と説いている所以である。

以上、詰まるところ、地方自治は立憲民主制を維持し、それを強化・拡充していくうえで必須・不可欠な憲法上の基幹原理の一つに属しているということである。

2　憲法上の統治権としての地方自治権——地域統治権の主体としての住民

憲法第八章「地方自治」の根拠・法的性質をめぐっては、諸説が混在しているが、この問

題で重要なのは、「地方自治」の憲法上の保障との関係において、憲法の組織原理である「国民主権の原理」ないし「国民による信託」（憲法前文）の意義・内容をどのように捉えるかということであろう。

改めて書くまでもなく、憲法第八章の地方自治、より具体的には憲法九四条が保障する地方自治権は、憲法制定権力から派生し、「国民主権」に根ざしているものであるが、国家公権力・統治権を基礎づけ正当化する「主権」に視座を置いて捉えると、いうところの地方自治権（地域統治権）は国民主権と並存する「住民主権」に由来し、それに根拠をもつと解される。敷衍すると、「国民主権の原理」から国家統治権＝国民総体の統治権の根拠とその正当性が導かれるのと同じく、これと並存する憲法上の組織原理である「住民主権の原理」から各自治体の「地域統治権」＝住民の統治権が導かれ、ジャスティファイされるということである。「国家統治権の主体としての国民」、「地域統治権の主体としての住民」という位置・規定が重要である。

つまり、憲法前文にいう「信託」は、国レベルだけではなく、自治体レベルのそれも当然に予定しているということであり、こうして、「国民主権憲法が直接に地方自治を保障した趣旨目的として、国家統治に対して相対的ながら独立した各自治体の地方自治が並立的に存在することが憲法上予定されている」（兼子仁『自治体法学』一九八八年）と見られる。

地方自治権は国家の統治権に由来し、その一部が地方公共団体に分与されたものではない。また単に憲法上の制度的保障＝「特定の制度の存在ないし維持を保障する規定」としての地方自治に止まらないのである。とすれば、旧法制下以来の国家伝来的な「行政団体としての地方団体」というニュアンスを残す「地方公共団体」なる法制用語は廃棄し、これに代えて、憲法上の地域統治権の主体＝地方自治の総合的な責任主体にふさわしく「自治体」という用語をこそ使用すべきであろう。

なお、以上の文脈において、憲法六五条「行政権は、内閣に属する」の解釈について、一九九六年一二月、内閣法制局長官が従来の解釈見解を転換し、そこにいう「行政権」は自治体を「除いた」国レベルのみに限定される、との政府見解を示したことは殊更に重要である。憲法九四条が保障する「地方公共団体の行政を執行する権能」＝「自治行政権」は、憲法六五条にもとづく国・内閣の「行政権」とは、憲法上別立てで保障されているということを政府が公式に承認したのである。

なおこの場合、憲法九四条にもとづく地方自治権の内容如何が重要となるが、ここではさしあたり、「地方自治の本旨」（憲法九二条）の趣旨・解釈とも係わって、自治立法権（条例制定権）と自治行政権（課税権・財政自治権を含む）がその基幹をなしている、ということだけを指摘するに止めたい。

３　「地方自治の本旨」とは何か――「官治・集権」から「自治・分権」へ

憲法九二条は、地方自治の基本原則として、「地方公共団体の組織及び運営に関する事項は、地方自治の本旨に基づいて、法律でこれを定める」と規定している。すなわち、自治体の組織や運営など地方自治に関することは「法律」で定めることを要し、しかもその法律の規定は「地方自治の本旨」に基づかなければならない、とするものである。

そこでいうところの「地方自治の本旨」（principle of local autonomy）とはいかなる憲法原理であるかが理論的にも、現実的にも重要となるが、従来それは、憲法学上、「住民自治」と「団体自治」の二つの要素から成るとされてきている。そしてここで「住民自治」とは「地域の住民が地域的な行政需要を自己の意思に基づき自己の責任において充足すること」〈内部的自治の原理〉をいい、また「団体自治」とは「国から独立した団体を設け、この団体が自己の事務を自己の機関により自己の責任において処理すること」〈対外的自治の原理〉と説かれる（田中二郎『新版行政法（中巻）』一九九七年）。住民自治の思想は民主主義の理念に基づくものであり、主としてイギリスにおいて発達し、団体自治の思想は自由主義的・地方分権的理念の表明で、主としてドイツにおいて発達したものである。

いうところの「団体自治」と「住民自治」はいうなれば手段と目的という関係に立つ。地方自治の目ざすところは、究極的には、住民の基本的人権を確保し、住民の自己決定権の拡充を図り、もって民主主義を現実化し活性化すること、すなわち、住民自治の確立と拡充に求められるのであり、そのためにはそれを制度的に担保し、実現するための手段として、団体自治の確立と拡充が必須かつ不可欠の条件をなしているからである。

こうして「地方自治の本旨」とは、端的に住民自治を基礎とし団体自治の保障のもとで、民主主義の原則に則り、地域住民の権利や利益を擁護することと概念規定することができる。

さて「地方自治の本旨」というこの憲法原理は、有力な行政法学説が指摘しているように、「自治権を不当な侵害から防衛する〝法規概念〟であると同時に、地方制度の形成とその運用に目標をあたえ、これを誘導する〝指標概念〟でもある」と解されるが（原田尚彦『地方自治の法としくみ』二〇〇五年）、それではこの概念は「団体自治」および「住民自治」について具体的にどのような法原則ないし法理を予定しているのか。

この問題は、結局のところ、憲法の理念と全体構造を踏まえ、とりわけ基本的人権保障と国民主権ないし住民主権の視角から決せられることになるが、このようなアプローチからはさしあたり、以下のような地方自治法制に係わる憲法上の原則ないし法理が導かれることになる。

補完性の原理・近接性の原理

かねて有力な憲法学説が唱導してきたところであるが、「地方自治の本旨」に含まれる「団体自治の原理」は、国と自治体との役割分担において、「市町村最優先・都道府県優先の原則」を含意していると解される。「市町村で適当に処理できないものだけが都道府県の事務となり、都道府県でも適当に処理できない全国家的・全国民的な事務だけが中央政府の事務になる」という原則である（杉原泰雄『憲法から地方自治を考える』一九九三年）。

表現を代えると、いうところの「地方自治の本旨」はその憲法規範的内容として、国→都道府県→市町村という下降・統治型〈国家主権型＝官治・集権型〉の政治・行政システムではなく、住民主権・住民自治を起点に、市町村→都道府県→国という上昇・補完型〈国民・住民主権型＝自治・分権型〉のそれを要請していると見られるということである（松下圭一『転型期日本の政治と文化』二〇〇五年）。

ちなみに、この点、国連の世界地方自治憲章案が「行政の責務は一般的に市民に一番近い行政主体によって行なわれるべきである、ということを意味する補完及び近接の原理に基づき」（四条）と謳い、また「二〇〇〇年分権改革」によってもたらされた新地方自治法も下記のように書いて、この原則を確認するに至っているところである。「国は……国家としての存立にかかわる事務、……その他の国が本来果たすべき役割を重点的に担い、住民に身近な行政はできる限り地方公共団体にゆだねることを基本と……しなければならない」。

直接性の原理―「強化された民主主義」

憲法九三条二項が首長公選制を明記し、また憲法九五条が地方自治特別法の制定について住民投票制を採用しているところから端的に知られるように、憲法は自治体レベルにおいては国レベルにおけるよりも「強化された民主主義」を保障しており、そこで「地方自治の本旨」には、国政における議会制間接民主主義とは法的に異質な、「住民参加の直接民主主義の原理」＝「自治体における行政直接民主主義の原理」が含まれていると解される。

ちなみに、地方自治法が住民の直接請求制度（条例の制定・改廃、議会の解散、首長・議員の解職など六種）、監査請求制度、住民訴訟などを地方自治に固有な制度として設けているのも、その制度的表明の一端に他ならないと見られよう。

このように「地方自治の本旨」を構成する「団体自治」と「住民自治」については、その基本原理として、それぞれ「補完・近接性の原理」と「直接性の原理」が予定されていると見られるのであるが、この点と係わって、新地方自治法が下記のように明記（二条）したことは格別に重要だと言えよう。自治体に関する法令の規定は「地方自治の本旨に基づ」かなければならず、また「地方自治の本旨に基づいて、これを解釈し、及び運用するようにしなければならない」との条項がそれである。地方自治法制上の「立法原則」ならびに「解釈・運用原則」としての「地方自治の本旨」という定位である。自治体に関する立法やその解釈・運用に当たっては、上述したような原則を踏まえることが憲法上要請されているわけである。

それでは、どのような法律の定めや解釈・運用が「地方自治の本旨」に反して違憲となるかであるが、これについて一般的な基準を定立することは困難である。一方では憲法上の地域統治権としての地方自治権という基本的性格や住民の基本的人権保障要請を考慮し、他方で当該法律や解釈・運用が必須かつ不可欠であるかを、各個のケースに即して個別・具体的に検討することによって決する他はない。

第2章　子どもの権利条約と青少年の政治・行政参加

1　条約の制定目的と対象

(1)　条約の制定目的

「子どもの権利に関する条約」(政府訳「児童の権利に関する条約」)〈Convention on the Rights of the Child：以下、条約〉は、歴史的にも、今日においても、貧困、飢餓、病気、虐待、搾取、無権利、無教育等々、様々な面で劣悪で困難な状況に置かれている子どもについて、人間としての尊厳と基本的人権を確認し、また子どもを特別に保護することを目的として制定されたものである。

条約はグローバルな多国間条約であり、先進国にとっても重要な意味をもつ条項が少なくないが、主要な制定目的は、発展途上国の子どもの人権環境を改善することにある。

この条約は一九八九年一一月に国連総会で採択され、一九九〇年九月に発効した。わが国が批准したのは一九九四年三月で(同年五月国内発効)、締約国としては一五八番目であった。

なお二〇二一年一一月現在、条約の批准国は一九六ヵ国に達しており、未批准国はアメリカだけである。条約は国際社会においてすでに普遍性をもつに至っていると言えよう。

(2) 条約の対象——一八歳未満の未成年者の権利に関する条約

条約一条は「この条約の適用上、子ども（Child）とは、一八歳未満のすべての者をいう」と規定している。いうところの「Child」の年齢の上限については、本条の審議過程において議論があり、これを一五歳未満とすべきだとする声も大きかった。しかし、民法上の成人年齢が一八歳の国が世界ではマジョリティーを形成している現実を踏まえる必要があり、また条約の効力を可能な限り広範囲の者に及ぼすのが本条約の趣旨に適うとの立場から、「一八歳未満のすべての者」が「Child」として概念規定された。

なお、わが国においては民法制定（明治三一〈一八九八〉年施行）以来、民法上の成年は満二〇歳とされてきたが、二〇一八年六月に民法の成年年齢を一八歳に引き下げることなどを内容とする、「民法の一部を改正する法律」が成立し、同法は二〇二二年四月一日に施行された。こうして同法が施行されるまでは未成年者であった一八歳・一九歳は成年となり、民法上の法律行為能力を有するに至り、本条約の対象ではなくなった。

2　条約の内容と効力

(1)　条約の内容

条約は、前文と第1部、第2部、第3部の五四ヵ条から成っている。

前文では、国際連合憲章、世界人権宣言および国際人権規約を受けて、下記のような基本理念を確認し、宣明している。

①子ども時代は特別の配慮および援助を受ける資格があること。②子どもは人格の全面的かつ調和のとれた発達のために、家庭環境の下、幸福・愛情・理解のある雰囲気の中で成長すべきであること。③子どもは社会の中で個人としての生活を送れるようにすべきであり、特に平和・尊厳・寛容・自由・平等・連帯の精神の下で育てられるべきであること。

続く第1部（一条～四一条）は、この条約の実質的な内容をなす部分で、子どもの権利保障に係わる一般原則を定めるとともに、子どもの各種の市民的権利や手続法上の権利を個別かつ具体的に保障している。

第2部（四二条～四五条）は、条約の広報義務、子どもの権利委員会の設置、締約国の報告義務など、この条約の実効性を確保するための方途について規定している。

そして第3部（四六条～五四条）は、署名、批准、加入、効力発生、改正、留保など、手続に関する定めを置いている。

(2) 条約の国内法上の効力

憲法学の通説および判例によれば、一般に条約は批准・公布により、そのまま国法を形成し、特別の立法措置をまつまでもなく国内法関係に適用される、と解されている（芦部信喜著・高橋和之補訂『憲法（第7版）』岩波書店、二〇一九年）。そしてこの場合、憲法九八条二項が条約の誠実な遵守を要求していること等を理由に、条約は一般の法律に優位する効力を有するとされている。敷衍すると、条約は抽象的・一般的な原則の宣言に止まるものではなく、国内法として法律に優位する効力を有し、立法・司法・行政を拘束する「直接に適用される法」である、ということである。

こうして、子どもの権利条約は、たとえば教育法域では、その効力において、教育基本法・学校教育法・地方教育行政法などの「教育法律」に優位し、これらの法律の規定内容と解釈や運用、さらにはこれらの法律をめぐる立法・司法・行政を直接に拘束するということになる。

またこの条約は「裁判規範」＝「裁判の準則である法規範」でもあるから、子どもや親は、教育行政機関・学校・教員などによって、条約で保障された権利を侵害された場合には、直接、条約違反を理由に裁判所に提訴することができる。

なお憲法と条約との効力関係について、一部に条約優位説が見られてはいるが、多数説および判例は憲法優位説に立っている。子どもの権利条約は憲法の理念・価値原理や諸原則に沿って、解釈・運用されなければならないということである。

3　わが国の学校教育や青少年の政治・行政参加にとって重要な条項

既に言及したように、この条約は「きわめて困難な条件の下で生活している子ども」、なかでも発展途上国の子どもの生活条件や人権環境を改善することを、その主要な目的として制定されたものである。

しかし、条約第1部に盛られた子どもの権利のカタログには、その域に止まらず、わが国の学校教育や本書のテーマである「青少年の政治参加」にとっても重要な意味をもつ条項が数多く含まれている。というのは、先に指摘したように、これまでわが国においては、憲法学の通説は「成年制度」という観念を媒介することによって、子ども・未成年者の人権に対する制約をあまりにも安易に、しかも一括して一般的に正当化してきた傾向があり、こうして、子ども・未成年者は一律に憲法の人権保障から遮断され、「憲法から自由な、法治主義原則の及びえない範域」に追いやられてきた憾みがあるからである。またわが国においては伝統的に学校は「法から自由な領域」に位置してきたのであり、そこでこうした現実を反映して、現行学校法制上（国法レベル）、児童・生徒に対する権利保障条項はいっさい存在していない、という法現実が見られているからでもある。

そこで、ここで条約をわが国の法制現実に引きつけ、条約によって保障されている権利のうち、わが国の学校教育の場面や青少年の政治・行政参加にとって重要だと見られるものを摘出し、それらを権利の種別に即して類型化すると、下記のようになる。

(1)　子どもの権利保障における基本原則

①差別の禁止・権利の平等保障（一条）。②「子どもの最善の利益」の確保（三条など）。

(2)　親の教育権と教育責任の確認・尊重

①親によって養育される権利（七条一項）。②親の教育権の尊重義務（五条）。③親の第一次的養育責任と国の援助義務（一八条）。④親の宗教教育権の確認（一四条二項）。⑤親の文化的同一性・言語・価値の尊重（二九条一項-c）。

(3)　教育の目的

①子どもの人格、才能、精神的・肉体的能力の発達保障（二九条一項-a）。②人権・基本的自由の尊重（同上一項-b）。③自由社会における責任ある生活への教育（同上一項-d）。

(4)　教育への権利

①種々の形態の中等教育の奨励（二八条一項-b）。②中等教育における無償制の導入

（同前）。③学校への定期的な出席の確保・中途退学率の減少のための措置義務（二八条一項-e）。④高等教育へのアクセス権（二八条一項-c）。

(5)　子どもの人格権

①プライバシーの権利（一六条一項）。②名誉権（同前）。③学校懲戒に際し子どもの人間的尊厳の確保義務（18条一項-d）。

(6)　子どもの知る権利・アクセス権

①教育上の情報へのアクセス権（二八条一項-d）。②マスメディアへのアクセス権（一七条）。③情報の自由（一三条一項）

(7)　子どもの自由権的基本権

①意見表明権（一二条一項）。②思想・良心の自由（一四条一項）。③宗教の自由（同前）。④集会・結社の自由（一五条一項）。⑤表現の自由（一三条一項）。

(8)　子どもの文化的生活権

①休息する権利・余暇をもつ権利・遊ぶ権利・レクリエーション活動を行う権利（三一条一項）。②文化的生活および芸術に自由に参加する権利（同前）。

(9)　子どもの手続上の権利

①意見表明権（一二条一項）。②聴聞される権利（一二条二項）。

(10)　障害児の権利
①障害児の尊厳の確保・自立の促進・社会参加の助長義務（二三条一項）。②障害児の特別なニーズの承認・特別なケアへの権利（二三条二項・三項）。

(11)　条約の実施義務
①行政・立法上の措置義務（四条）。②既存の権利の確保（四一条）。③条約の広報義務（四二条）。

なお、意見表明権が自由権的基本権と手続的権利の双方に種別化されているが、それはこの権利がこれらの属性を併せもつ複合的権利であることによる（後述）。

4　条約によって創造された新しい権利——子どもの参加権

(1)　「束ねられた権利」としての子どもの参加権

上述のように、子どもの権利条約は子どもに対して各種の自由や権利を保障しているのであるが、本書のテーマである「青少年の政治参加」と係わっては、教育目的としての人権・基本的自由の尊重および自由社会における責任ある生活への教育、差別の禁止・権利の平等保障、教育への権利、子どもの人格権、子どもの知る権利などの基礎的・包括的権利、さらには思想・良心の自由、集会・結社の自由、表現の自由、情報への自由などの自由権的基本権を前提としたうえで、なかでも「意見表明権」、「意見を尊重される権利」および「聴聞される権利」が格別に重要である。

既によく知られているように、子どもの権利条約は子どもに対して「その子どもに影響を与えるすべての事柄について、自由に自己の見解を表明する権利」を保障し（一二条一項）、しかも「その際、子どもの見解が、その年齢および成熟度に従って相応に重視される」と書いている（同上同項）。そしてこれらの権利を手続的に担保するために、子どもは「自己に影響を及ぼすあらゆる司法上および行政上の手続きにおいて……聴聞される機会を与えられる」と規定している（同条二項）。手続上の参加権としての子どもに対する聴聞権の保障である。ここでいう意見表明権は条約におけるシンボル的な権利であるが、この権利が「表現の自由」（一三条一項）とは別にわざわざ独立した権利として保障されたのはなぜか。子どもの意見表明権の法的意義・性格は如何に。

ここで条約一二条の法的構造に注目しなくてはならない。

上掲のように、条約一二条は先ず子どもに対して意見表明権を保障している。この意見表明権は第一次的には「意見表明の自由」権であり、こうして、この権利は本来「表現の自由」などの自由権的基本権と同じく、国家・公権力はもとより、教育行政機関・学校・教員、親・法人・民間団体などの私人等による権力的ないし事実上の介入を排して、または制限して、子ども個人の自由な意見表明の保障を意図する権利である。

重要なのは、同条が意見表明権と併せて、引き続き、意見を尊重される権利および聴聞される権利を保障しているということである。こうして、同条の趣旨は、子どもに対して意見表明権という画期的な自由権を保障したうえで、それに止まらず、この権利を基幹的権利として、併せて意見を尊重される権利と聴聞される権利を明記し、これら三様の権利を法構造上内的に連関させることによって、「子どもの参加権」を導くところにある、と解されるのであり、ここに条約一二条の画期的な意義があると言える。

敷衍して書けば、条約一二条は子どもの人格的自律権を前提としたうえで、意見表明権を明記し、そしてこれらの権利を確保するために、要求権としての「意見を尊重される子どもの権利」（一二条一項）と手続上の権利としての「子どもの聴聞される権利」（一二条二項）をセットにして保障することによって、これらの権利の「束ねられた権利」（H.アベナリウス／H.P.ハンシュマン『学校法』二〇一九年）としての「子どもの参加権」を呼び起こすということである〈複合的権利としての子どもの参加権〉。いうところの「子どもの参加権」は子どもの権利条約によって創造された新しい権利であるということが決定的に重要である。

子どもは子どもであるがゆえに、子どもに相応しい独特な仕組みと特殊な方法をもって、基本的人権を享受し行使しうるように配慮される必要があるからである。

ちなみに、この点と関連して、国連の子どもの権利委員会が日本に対する第一回総括所見（一九九八年）と第二回総括所見（二〇〇四年）において、それぞれ下記のように述べて、条約一二条から子どもの参加権を導いているのは、その限りにおいて、妥当だと評されよう。

◎第一回総括所見――「委員会は……社会のあらゆる分野、とくに学校制度において、一般の子どもたちが参加権（第一二条）を行使するうえで困難に直面していることを、とりわけ懸念するものである」（所見13）。

◎第二回総括所見――「委員会は、条約第一二条にしたがい、締約国が以下のような措置をとるよう勧告する。〈a〉家庭、裁判所および行政機関、施設および学校ならびに政策立案において、子どもに影響を及ぼすあらゆる事柄に関して子どもの意見の尊重および子どもの参加を促進し、かつそのための便宜を図ること」（所見28）。

なお、以上から知られるように、子どもの意見表明権という単独の自由権から直ちに子どもの参加権が導かれるわけでない。参加権とは「法律関係に当事者以外の者が当事者として、又は利害関係者として加わる」権利をいうからである。子どもの意見表明権は第一次的にはあくまで自由権として消極的権利〈……からの自由〉に属しているのに対し、子どもの参加権は能動的権利〈……への自由〉に属しているということである。

また子どもの意見表明権を具体的には「意見を聴取される機会を与えられる権利」と捉

え、この権利を聴聞権という手続的権利だけに矮小化するのも妥当ではない。

さらには「子どもの意見表明権は、子ども自身の問題の決定し際して、広く子ども自身の意思を反映させる適正手続を求める権利であり、かつ自己の生活条件……や社会条件の決定に対して、子ども自身の意思を尊重することを……求めた権利である」とする教育法学説が見られているが（永井憲一他編「子どもの権利条約」・二〇〇三年）、この見解も妥当ではない。既述したように、意見表明権はそれ自体としてはあくまで条約一二条一項にもとづく子どもの自由権なのであり、また上記にいう適正手続を求める権利は同条二項が独立の権利として保障している「聴聞される権利」と同義であり、さらに「子どもの意思を尊重される権利」も同条一項の保障に係る独立した権利だからである。後二者の権利を自由権である意見表明権の権利内容として捉えることはできない。

(2)　子どもの意見表明権・参加権の意義と対象

意見表明権の意義

いうところの意見表明権は上述したような法的属性と特質を擁し、子どもの参加権を呼び起こすユニークな複合的権利であるが、この権利それ自体の意義としては、その保障が子どもの人格の自由な発達および人格的自律にとって不可欠であるいうことが重要である。ドイツの文部大臣会議の決議「学校における生徒の法的地位」（一九七三年）を借用すれば、「生徒の自由な意見表明は生徒の人格の発達、とくに創造力の発達に不可欠である。自由と民主主義への教育、責任ある市民への教育、寛容への教育は、生徒が自己の意見を自由かつ批判的に、しかし同時に他者の尊厳や信念を尊重しながら表明することを学ばなければ不可能」だからである。子どもの意見表明権はすぐれて子どもの人格的な権利であり、したがって、この権利は「自由と民主主義への教育」・「責任ある市民への教育」といった学校教育の目的からも当然に要請され、導かれるとの位置づけである。

意見表明権・参加権の対象　子どもの意見表明権の対象は、条約一二条一項が明記しているように、「その子どもに影響を与えるすべての事柄」に及ぶ。つまり、この権利は子どもと係わるあらゆる生活領域・社会領域において妥当するのであり、その妥当範囲においてオフ・リミットは存在しない。

また子どもの聴聞される権利は「子どもに影響を及ぼすあらゆる司法上および行政上の手続」において妥当する（一二条二項）。

こうして、子どもは学校〈学校教育関係〉や家庭〈家族法関係〉はもとより、児童福祉施設、地域コミュニティー、行政機関、裁判所など子どもと係わるあらゆる場面において、その有する意見表明権、意見を尊重される権利、聴聞される権利、さらにはこれらの権利の

「束ねられた権利」である参加権を享有しているのであるが、本書のテーマの観点からは、上記の各場面における「子どもに影響を与える事柄」の企画・立案・決定過程〈意思決定過程・政策立案過程〉への子どもの参加が重要である。なかでも、わが国の現実にあっては、学校法域と行政法域におけるその現実化が格別に重要であると言えよう。

第3章　自治体における青少年の政治・行政参加

1　近年における政策動向――自治体法の先進性・国法の後進性

憲法第八章が憲法上の原理として確立している「地方自治の原理」は既述したような法的構造を擁しているのであるが、本書のテーマである「青少年の政治参加」と係わっては、とくに以下の点が重要である。

① 地方自治は地域の政治・行政を各自治体・地域住民の自律と連帯にもとづく自己決定に委ねたもので、それは民主主義の原理を基礎とし、住民の基本的人権保障にとって不可欠な制度である。

② 憲法が保障する地方自治権は国民主権と並存する「住民主権」に由来し、それに根拠をもつ。つまり、「国民主権の原理」から国家統治権の根拠とその正当性が導かれるのと同じく、これと並存する「住民主権の原理」から各自治体の「地域統治権」＝住民の統治権が導かれ、ジャスティファイされる。

③ 憲法九二条が規定する「地方自治の本旨」は「団体自治」と「住民自治」から成る

が、その憲法規範的内容として、住民主権・住民自治を起点に、「住民主権型＝自治・分権型」の政治・行政システムを要請している。

④　憲法は自治体レベルにおいては国レベルよりも「強化された民主主義」を保障しており、いうところの「地方自治の本旨」には、国政における議会制間接民主主義とは法的に異質な、「住民参加の直接民主主義の原理」＝「自治体における行政直接民主主義の原理」が含まれている。

こうして、今日、各自治体はその有する地域統治権にもとづいて憲法上、子ども・青少年法制の分野においても独自の民主的な法制度や参加制度を創造することが可能となっているのであるが、漸く近年に至って、とくに地方自治法の大改正による二〇〇〇年分権改革と子どもの権利条約の批准〈一九八九年・国連採択、一九九四年・国内発効〉が直接的な契機となって、二〇〇〇年以降、この法域においても刮目すべき発展が見られつつある。

すなわち、神奈川県川崎市が二〇〇〇年に子どもの権利主体性を確認し、社会の在り方や形成に参加する子どもの権利などを保障した、「川崎市子どもの権利に関する条例」を制定したのを嚆矢として、それ以降、同旨の自治体法を制定する自治体が相次ぎ、そして今日では子どもの権利保障を旨とする条例を擁する自治体は四七を数えるに至っている。

また子ども・青少年の自治体政治・行政への参加の領域においても、たとえば、子ども議会（模擬議会）を自治体法上のフォーマルな制度として設置・開催した市は二〇一八年七月現在、全国で一九八市（全市の二四・三％）、一八五町村（全町村の二〇・〇％）に達している（全国市議会議長会「市議会の活動に関する実態調査」二〇一八年）。

そこで以下では、本書のテーマと係わって重要だと見られる先駆的な自治体法を取り上げ、その法的構造を分析し確認しておきたいと思う。

なお、わが国における子ども・青少年法制および学校法制の有りようにとって、本来、子どもの権利条約は格別に重要な意味をもち、大きなインパクトを与えることになる筈であるが、しかし日本政府は子どもの権利条約の批准に際して、「この条約の締結により我が国が負うことになる義務は、既存の国内法令で実施可能であり、この条約の実施のためには、新たな国内立法措置を必要としない」との見解をとった（外務省『児童の権利に関する条約の説明書』一九九三年）。こうして、国法レベルにおいては権利条約の批准に伴う法制度改革は一切なされることはなく、この結果、わが国のこの法域における現行法制には権利条約の趣旨や基本原則に照らして、重大な欠陥と不備が見られ、西欧諸国の自由で民主的な子ども・青少年法制はもとより、先駆的な自治体法制に比しても著しく立ち遅れているという法状況が見られている。

2　川崎市子どもの権利に関する条例と子どもの参加

(1)　条例の内容

この条例（二〇〇〇年一二月制定）は子どもの権利条約の趣旨や基本原則を踏まえて制定された、わが国で初めての本格的で格調の高い「子どもの人権宣言」であり、子どもの権利に関する体系的で総合的な条例である。前文と第一章「総則」、第二章「人間としての大切な子どもの権利」、第三章「家庭、育ち・学ぶ施設及び地域における子どもの権利の保障」、第四章「子どもの参加」、第五章「相談及び救済」、第六章「子どもの権利に関する行動計画」、第七章「子どもの権利の保障状況の検証」、第八章「雑則」から成っている。

(2)　子どもの参加と係わって重要な規定

上述のように、この条例は前文と四一ヵ条から成る包括的な人権条例であるが、本書の観点からは下記のような規定が重要である。

前文では、先ず子どもの人間としての価値と尊厳を確認したうえで、子どもが権利の全面的な主体であることを宣明している。子どもはその権利が保障される中で、豊かな子ども時代を過ごすことができるのであり、子どもの権利について学習することや実際に行使することを通して、権利の認識を深め、自己の権利を実現する力、他者の権利を尊重する力や責任を身に付けることができると述べる。

以上を基本的かつ不可欠の前提として、子どもを大人とともに社会を構成するパートナーとして位置づけ、子どもは現在の社会の一員として、また未来の社会の担い手として、社会の在り方や形成にかかわる固有の役割をもち、そこに参加する権利を有すると明記している。

第二章は「人間としての大切な子どもの権利」として「安心して生きる権利」など七種類の権利を挙げているが、ここでは先ず「自分で決める権利」・「自己決定権」の保障が重要である。こう書いている（一四条）。「子どもは、自分に関することを（年齢と成熟度に応じて）自分で決めることができる」。ここで自己決定権とは「個人の人格的生存にかかわる重要な私的事項を公権力の介入・干渉なしに各自が自律的に決定できる自由」をいうが（芦部信喜著・高橋和之補訂『憲法（第7版）』二〇一九年）、憲法学の通説および判例によれば、この権利は憲法一三条が保障する幸福追求権の保護法益に「新しい権利」として含まれていると解されており、したがって、この条例は子どもについてもこの権利を改めて確認的に規定したところに大きな意義が認められる。

ついで一五条は「参加する権利」と題して、次のように規定している。

「子どもは、参加することができる。そのためには、主として次に掲げる権利が保障されなければならない。①自分を表現すること。②自分の意見を表明し、その意見が尊重されること。③仲間をつくり、仲間と集うこと」。

上記①②③の権利は、それぞれ「表現の自由」（憲法二一条一項）、「意見表明権」（子どもの権利条約一二条一項）、「意見を尊重される権利」（同前）および「集会・結社の自由」（憲法二一条一項）と法的には同義であるが、ここではこれらの権利は「子どもの参加権」の内実をなし、この権利を担保する手段的権利として位置づけられている。

いうところの「子どもの参加権」は、既述した通り、子どもの人格的自律権を前提としたうえで、「意見表明権」を基軸とし、「意見を尊重される権利」と「聴聞される権利」とが相俟って、これらの権利の「束ねられた権利」として、子どもの権利条約によって創造された子どもの新しい権利なのであるが、条例一五条がこの権利を「子どもの大切な権利」の一つとして、それ自体を独立の権利として明記していることは画期的だと評されよう。

なお子どもの意見表明権ないし参加権の対象・妥当範囲について、子どもの権利条約には「その子どもに影響を与えるすべての事柄」との規定があるが、この条例にはこのような規定は見られない。ただ「『児童の権利に関する条約』の理念に基づき、子どもの権利の保障を進めることを宣言し、この条例を制定する」（前文）と謳っている本条例としては、この点についても権利条約と同様に解すべきこととなろう。

上述のような子どもの参加権を踏まえて、第四章は「子どもの参加」というタイトルで独立の章を起こし、六ヵ条にわたってこれに関する具体的な定めを置いている。

二九条（子どもの参加の促進）では子どもが市政等について意見を表明する機会、学校など子どもが育ち・学ぶ施設の運営について、子どもに対しその構成員として意見を表明する機会を保障することなどの重要性に照らし、市に対して「子どもの参加を促進する義務」を課している。ここでは、①子どもの意見表明権の対象として具体的に「市政」を取り上げ、子どものいうなれば「政治的意見表明の自由」を確認していること、②学校など子どもが育ち・学ぶ施設において、子どもを構成員として位置づけ、その運営について意見を表明する権利、別言すれば、「子どもの学校参加権」を確認していることが重要である。

三〇条（子ども会議）では、市政について子どもの意見を求めるために、条例上の必置機関として、市長に対し子ども会議の設置・開催を義務づけている。子どもの「政治的意見表明の自由」ないし「子どもの政治上の参加権」の制度化としての子ども会議という法的位置づけである。

子ども会議の運営は子どもの自主的・自発的な取組みに委ねられる。子ども会議は子ども自身が定める手続や方法によって、市政に関し、子どもの総意としての意見を取りまとめ、市長に提出することができ、市長はこれを尊重しなければならないとされている。くわえて、市長にはあらゆる子どもが子ども会議に参加でき、その運営が円滑になされるように支援する義務が課されるところとなっている。

三一条（参加活動の拠点づくり）では、上記のような子どもの自主的・自発的な参加活動を支援するために、市に対して「子どもが子どもだけで自由に安心して集うことができる拠点」をつくるよう努力義務を課している。

三二条（自治的活動の奨励）では学校などの設置・管理者は、その構成員である子どもの自治的な活動を奨励し、これを支援する努力義務を課したうえで、子どもの自治的活動にもとづく意見がその運営上配慮されるよう努めなくてはならないとしている。

三三条（より開かれた育ち・学ぶ施設）では学校などの設置管理者は子ども・親・地域住民にとってより開かれた施設を目指すため、これらの者に対し施設の運営などについて説明し、定期的に話し合う場を設定するよう求めている。

そして最後に三四条は「市の施設の設置及び運営に関する子どもの意見」と題して、たとえば、公園など子どもの利用を目的とした市の施設の設置・運営に関し、子どもの意見を聴取するよう努力義務を課している。

以上が本書の課題から見て重要なこの条例の規定内容であるが、この条例によって保障されている各種の子どもの権利を制度的に担保し、実効化し、その保障をさらに推進するために、本条例が下記について明記していることも重要である。

①　子どもの権利の保障状況を検証するために、川崎市子どもの権利委員会の設置を義務づけ、市長に対し、権利委員会からの答申を尊重し必要な措置を講じる義務を課している。

②　子どもの権利の総合的・計画的な保障のため、市に対して、子どもの権利に関する行動計画の策定義務を課している。

③　子ども権利侵害に対して、川崎市人権オンブズパーソンによる相談と救済を制度化している。

3　愛知県新城市の三条例と青少年の政治・行政参加

愛知県新城市はその有する地域統治権にもとづいて、「市民自治社会」の実現を目指し、独自の「まちづくり」を積極的に推進している先駆的自治体として知られているが、「青少年の政治参加」と係わって、下記のような三条例を擁し、若者議会と中学生議会を条例によって制度化いる。新城市自治基本条例（二〇一三年四月施行）、新城市若者条例（二〇一五年四月施行）、新城市若者議会条例（二〇一五年四月施行）がそれである。以下、順次、その法的構造を確認していこう。

(1)　新城市自治基本条例

この条例は、国法レベルの憲法に相当する「自治体基本法」としての法的地位・性格をもつ自治体立法であるが、前文と第一章「総則」、第二章「まちづくりの基本原則」、第三章「市民等」、第四章「議会」、第五章「行政」、第六章「参加の仕組み」、第七章「市政運営」、第八章「実効性の確保」から成っている。本書の観点から重要だと見られる規定内容を摘出すると、以下のようである。

まずこの条例の制定目的を「市民が主役のまちづくりを推進し、……世代のリレーができるまちを協働してつくる」ことと規定し（第一章）、まちづくりの推進主体は市民であること、世代を通しての継承が可能なまちづくりでなければならないことを確認している。つづく第二章では「まちづくりの基本原則」として、①市民主役の原則、②参加協働の原則、③情報共有の原則、の三原則を掲げている。市民を起点に据え、市民・議会・行政の積極的な参加と協働によってまちづくりを推進するということであり、②の原則を担保し実効化するために、③の原則をセットしているという構造である〈「情報なければ参加なし」〉。

第三章では「市民の権利」と銘打って、「市民は、まちづくりの担い手として、市政に参加することができます」と書いて、「まちづくりの担い手としての市民」という位置と市民の「市政への政治参加権」を確認したうえで、市民のこれらの権利を現実に確保するために、市民の「市政についての情報を知る権利」と市民の「議会・行政に対する情報公開請求権」を明記するところとなっている。上記「まちづくりの三原則」の市民の権利としての具体化である。

第七条では「子ども」と題して独立の条項を当て、「子どもは、地域社会の一員として尊重され、まちづくりに参加することができます」と書いて、子どもが地域社会の構成員であることを確認したうえで、子どもの「まちづくりへの参加権」を明示的に保障している。

第四章は「議会」について定めているが、意思決定機関である議会は「市民の意思が市政に反映されるよう」に運営されなければならないとされ、また議会の責務として「開かれた議会と市民参加を推進するため……市民自治社会の実現を目指」すことが求められている。

地域統治権にもとづく自治基本条例において、高らかに「市民自治社会の実現」をその基本的な理念として掲げていることは、自治体法制史上画期的だと評されよう。

第六章「参加の仕組み」では、先に触れた「参加協働の原則」を受けて、改めて「市は、市政に関する計画及び政策を策定する段階から市民の参加を促進します」と規定して、具体的に市の政策立案・策定過程への市民の参加権を確認し、くわえて、市に対して「市民の多様な参加の機会」保障を義務づけている。

そして、これを踏まえて、市民・議会・行政が意見交換し、情報・意識の共有を図ることを旨として、これら三者が一堂に会する「市民まちづくり集会」の開催を市長に義務づけるところとなっている。

注目されるのは、「参加の仕組み」の一環として、「地域内分権」を推進するために、市長権限に属する事務の一部を担い、地域住民の意向を反映してこれを処理するために、市長に対して「地域自治区」の設置を義務づけていることである。地域内分権ないし分節民主主義による市民自治社会の実現という筋道である。

第七章「市政運営」では、主要には、次のようなことが確認・明記されている。

①　市長は市民の選出手続による信託機構である。
②　市長は市民に対し、市政の状況について説明責任を負う。
③　市長は市政について積極的な情報公開義務を負う。
④　市長は市民が必要とする情報について、これを提供する義務を負う。
⑤　市長は市民の個人情報に関する権利保障し、同時に個人情報を適切に管理する義務を負う。
⑥　基本計画などの市の施策の基本となる計画を策定するに際して、市長に対し市民参加の機会を保障する義務を課している。

そして最後に第八章「実効性の確保」で、この条例の実効性を確保するために、市長に対し市民自治会議の設置を義務づけている。

(2)　新城市若者条例

この条例は、上記の自治基本条例を受けて、とくにその理念や原則を若者〈概ね一三歳から概ね二九歳まで〉に引きつけて制定されたもので、前文と一七ヵ条から成っている。

前文では、自治基本条例が標榜している「市民が主役のまちづくり」および「世代のリレーができるまちづくり」という基本理念を実現するためには、若者がその「思いや意見を伝える機会を確保し、さまざまな場面でこれらを反映する仕組みを新たにつくる」ことが必要であり、また若者自身も「自ら考え、その責任の下、主体的に行動することにより『若者が活躍するまち』の形成を目指す」と宣明している。

三条「基本理念」では「若者が活躍するまち」の形成・推進に際しては、下記の三点が基本理念とされなければならないと書かれている。

① 若者が地域社会との関わりを認識し、次代の地域社会を担うことができるよう社会的気運を醸成すること。

② 若者の自主性を尊重しつつ、その活動に対して必要な支援を行うこと。

③ 若者・市民・事業者・市はそれぞれの責務を果たすとともに、協働して取り組むこ

と。

そして、これらの理念を現実化するために、若者、市民、事業者、市の関係当事者それぞれについて、その責務が規定されている。〈1〉若者については、自らがまちづくりにおいて活躍が期待される主体であることを認識し、自主的な活動に取り組むとともに、市民・事業者・市が行う各種の活動に積極的に参加・協力すること、〈2〉市民については、若者に対して自らが行う活動への参加を促し、必要な支援を行うこと、〈3〉事業者については、当該事業活動に従事する若者に対して必要な支援を行うこと、そして〈4〉市の責務としては、若者が活躍するまちの形成を推進するために必要な施策を策定し、実施することが求められている。

さらに市長は、若者が活躍するまちの形成を推進するために「若者総合政策」を策定し、そこにおいて、そのための基本的な方針と具体的な施策の内容を規定しなければならないとされている。

ここで重要なのは、市は「若者が市政に対して意見を述べることができる機会を確保し、市政に反映するよう努めるものとする」され、そしてこれを受けて、上記の若者総合政策に関する事項を調査・審議させるために、「若者議会」を設置することが条例上、市長に義務づけられていることである。くわえて、若者が取り組む活動で「若者が活躍するまちの形成」推進に資すると目されるものについては、市はこれに対する必要な財政上の措置を講じ、また市の施設・設備等を貸与するよう努めるものとするとされている。

なお、自治基本条例が掲げている「情報共有の原則」を受けて、若者総合政策など「若者が活躍するまちの形成」に係わる各種の取組みの実施状況について、市に対して公開義務が課せられるところとなっている。

(3)　新城市若者議会条例

この条例は、新城市と姉妹都市であるイギリス・ニュウキャッスル市の Youth Parliament を範として、同市においても同様の議会を設置するために制定されたもので、上記若者条例と同日に施行されている。わが国で初めての条例に根拠をもつフォーマルな若者議会の設置である。

このように、市長は若者条例によって若者議会の設置を義務づけられているのであるが、若者議会の任務は市長の諮問に応じ、上記の若者総合政策に関する事項を調査・審議し、その結果を市長に答申することにある。つまり、市長の諮問機関としての若者議会という法的位置づけである。若者議会から答申された事業案は市で検討された後、事業予算案として市議会に上程され、承認されれば、市の公式の事業として次年度に実施されることになる。

若者議会は委員二〇人以内で組織される。委員は市内に在住・在学・在勤し、概ね一六歳から二九歳の若者の中から、市長がこれを委嘱する。上記若者条例では若者とは「おおむね一三歳からおおむね二九歳までの者をいう」と定義されているが、若者議会の委員の年齢は概ね一六歳以上、つまり高校生以上に引き上げられている——中学生については中学生議会が設置されている（後述）——。委員の任期は一年で、委員の互選によって議長を選出する。議長は会務を総理し、若者議会を代表する。若者議会には議決権があり、議事は委員半数以上の出席を開催要件として、出席議員の過半数で決することとされている。

(4)　新城市中学生議会

先に引いたように、自治基本条例は「子どもは、地域社会の一員として尊重され、まちづくりに参加することができます」と書き、また若者条例も「市は、若者が市政に対して意見を述べる機会を確保し、市政に反映するよう努めるものとする」と規定している。中学生議会はこれらの条項を根拠として設置されたもので、その制度目的は下記の三点にあるとされている。

①　中学生の市政についての疑問や希望などの意見を市が聞き取り、市政に反映させる。
②　中学生議員としての機会を経験することにより、市政や市議会の仕組みについて学習

するとともに、代表者を選ぶ選挙の仕組みについて理解を深め、市政について関心を深める。

③　中学生の意見を表明する機会を確保することにより、子どもの権利保障について周知・啓発する機会とする。

中学生議会は文字通り、中学一年生から三年生までを対象とし、議員は各学校ごとに公募によって選出される（三名〜一〇名程度）。各学校の生徒は市政に対する要望や提案について話し合い、それを学校ごとに集約して、学校選出議員が議会において提案・発表し、それに対して市長や教育長が答弁するという形での議会である。議会は一年に一回開催される。

こうして、中学生が中学生議会で提案したテーマが市によって承認された場合には、若者チャレンジ補助金制度によって資金面で支援される仕組みになっている。

ちなみに、たとえば、二〇一八年度中学生議会において提案されたテーマは、通学路の街路灯増設、高齢者が利用する交通手段、スクールバスの運営、休耕田の有効利用、手作り村のPR、人口減への対応、デジタル教科書の採用、新城市の魅力のPR、通学路の安全対策など広範多岐に亙っている。

４　山形県遊佐町の少年町長・少年議会

(1)　制度の目的

山形県遊佐町は二〇〇三年に遊佐町少年町長・少年議員公選事業実施要綱を制定し、以来、少年町長および少年議会という、少年の政治・行政参加のための独特の制度をもっている。「要綱」という法形式の行政規則によるフォーマルな制度である。この制度は、人口減少・少子高齢化が加速する中で、若者を「地域づくり」「まちづくり」の重要な担い手として位置づけ、「若者の力で、自分達が本当に求める遊佐の町、遊佐の未来をつくろう」を制度理念として誕生した。

「要綱」によれば、この制度の目的は具体的には、次のようである。

①　若者が自らの代表を直接選び、政策を実現していくことで、学校外で民主主義を実際に体験・学習することにより、社会の構成システムを学ぶ。

②　若者の視点から町政への提言や意見を述べ、町がこれを積極的に取り上げることによって、若者の町政参加を促す。

③　若者が社会システムや民主主義を学ぶ相互教育の場とする。

⑵　法的地位・権限

少年町長・少年議会は町長・町議会・町の行政機関に対して相対的な自律性をもった行政規則上の必置組織で、少年町長と少年議会の議員は公選制によって選出される。選挙権者および被選挙権者は、町内に在住しているすべての中学生と高校生および遊佐町に通学する高校生となっている。

選挙は学校単位で実施される。少年議会の議員定数は一〇名で、選挙に際して各候補者は自らのマニフェストを掲げ、選挙権者がこれを評価するという仕組みである。

少年町長には、少年議会の招集権、少年議会への議案提出権、町長に対する予算要求権、政策予算の執行権などの権限が与えられている。

また少年議会の権限としては、少年議会議長の選任の他、議決機関として少年政策の立案・審議・決定権が属している。少年議会は一年に三回開催される。

なお、この事業には政策予算として毎年度、四五万円が予算措置されており、また少年町長・少年議会による政策提言は町の政策に反映させられなければならないとされていることも、注目に値しよう。

(3) 遊佐町における投票率の高さ

以上のような制度と係わって、注目すべき現実が見られている。それは遊佐町においては町民および一八歳の若者の国政選挙での投票率が相対的にはかなり高く、共に六〇%台半ばに達し、全国平均を一〇ポイント以上上回っているという事実である（https://www.nhk.or.jp/politics/articles/feature/84982.html）。ここでは若者が学校外で民主主義を実際に体験・学習することが、地域における民主主義の拡大・強化にいかに重要であるかが示されているといえよう。

5 長野県松本市子どもの権利に関する条例と子どもの参加

この条例は二〇一三年三月に制定されたもので、前文と第一章「総則」、第二章「子どもにとって大切な権利と普及」、第三章「子どもの生活の場での権利の保障と子ども支援者の支援」、第四章「子どもにやさしいまちづくりの推進」、第五章「子どもの相談・救済」、第六章「子ども施策の推進と検証」、第七章「雑則」からなる包括的で本格的な子どもの人権条例である。

もとより、この条例は子どもの権利条約の理念や基本原則を踏まえて制定されたものであるが、より直接的には、規定内容においても、また法構成上も、先に取り上げた川崎市子どもの権利に関する条例の影響を強く受けていることが窺える。本書のテーマの観点から重要だと見られる規定内容を摘出すると、下記のようである。

前文では「すべての子どもにやさしいまちづくり」を基本理念として掲げ、そのうえで、「子どもの権利は、子どもが成長するために欠くことのできない大切なもの」であること、「子どもは、生まれながらにして、一人の人間として尊重されるかけがえのない存在」であること、「子どもは、感じたこと、考えたことを自由に表現することができ、自分にかかわるさまざまな場に参加」することができること、「おとなは、子どもの思いを受け止め、子どもの声に耳を傾け、子どもの成長と向き合わなければならないこと、などを宣明している。

三条は「市やおとなの役割」と題して、市や学校などの施設に対して子どもの権利の保障義務を課している。こう規定している。「市は子どもの権利を尊重し、あらゆる施策を通じてその権利の保障に努めます」、「育ち・学ぶ施設の設置者、管理者、職員は……子どもが主体的に考え、学び、活動することができるよう支援を行い、子どもの権利の保障に努めます」。

つづく四条は「子どもにとって大切な権利」として四種の権利を挙げているが、そのうち、ここでは下記の二つの権利が重要である。「自分の考えや意見が受け止められ、年齢や成熟に応じて尊重される権利」および「適切な情報提供などの支援を受けて社会に参加することができる権利」がそれである。そして子どもが、これら子ども自身の権利について学び、理解できるように、市に対してこれに関する子どもへの普及義務を課している。

重要なのは、以上を踏まえたうえで、一一条が「意見表明や参加の促進」というタイトルで、「市は、子どもが育ち学ぶ施設や社会の一員として自分の考えや意見を表明し、参加する機会やしくみを設けるよう努めます」と規定していることである。子どもを学校や社会の構成員として位置づけたうえで、子どもに対して意見表明権を保障し、また子どもが学校や社会において参加できる機会や制度をつくることを市の義務として明記しているのである。

くわえて、「子どもが利用する施設の設置や運営さらには子どもにかかわることがらを検討するときなどは、子どもが考えや意見を自由に表明したり、参加したりすることができるよう必要な支援」を行うことも、市の義務として法定されるところとなっている。

併せて学校や児童福祉施設および市民に対しても、「子どもが施設の運営又は地域での活動などについて考えや意見を表明し、参加できるよう機会の提供に努め」、「子どもの視点を大切にした主体的な活動を支援する」義務が課せられている。

そして子どもが上記のような意見表明権や参加権を現実に行使できるように、市や学校などの施設に子どもに対する情報提供義務が課せられている。

以上が本書のテーマから見て重要なこの条例の規定内容であるが、この条例によって保障されている各種の子どもの権利を制度的に担保し、実効化し、その保障をさらに推進するために、本条例が下記について規定していることも重要である。

① 子どもの権利侵害に対して、速やかで効果的な救済に取り組み、回復を支援するために、子どもの権利擁護委員の設置を市長に義務づけている。そして擁護委員から勧告や是正要求をうけた者は、これを尊重し、必要な措置をとる義務を課せられている。

② 子どもの権利を保障し、子どもにやさしいまちづくりを総合的かつ継続的に推進するために、市は子どもの権利に関する推進計画を策定することが義務づけられ、またその際、市は子どもの意見を聴かなければならないとされている。

③ この条例による施策の実施状況を検証するために、子どもにやさしいまちづくり委員会を設置することを市に対して義務づけ、くわえて、市は同委員会からの報告や提言を尊重し、必要な措置を講じることを義務づけられている。

第Ⅱ部　現行学校法制と主権者教育の目的との矛盾・乖離

第1章　公法上の学校特別権力関係論と生徒の法的地位

1　公法上の特別権力関係論——憲法違反の公法理論

(1)　ドイツにおける生成と発展

ドイツにおいては一九世紀後半以降、「公法上の特別権力関係論」なる公法理論が学説上展開され、教育行政・学校法域では、公立学校教員の勤務関係と児童・生徒の在学関係が、この特別権力関係に当たると解された。

いうところの公法上の特別権力関係論は、一九世紀後半、ドイツ立憲君主制下において生成し、ドイツ行政法学の始祖・O・マイヤーによって体系的に構築された。この理論は、ドイツ公法学に伝統的な「行政の内部・外部二分論」を前提とするもので、立憲国家・法治国家的な要請に対して、絶対主義的君主・行政部の命令権力を法治主義の範囲外に維持するために擬制された学説の産物である（室井力「特別権力関係論」・一九六八年）。

つまり、この理論は絶対主義的要請に応える法解釈論として、別言すれば、「法治国家における警察国家的孤島」として、E．ホルストホフもいうように（「行政法教科書」・一九六六年）、「法治国家の間隙」における「侵害行政としての高権行政」と深く結合し、歴史的に、反法治主義的性格を強く担ってきた。

具体的には、大きく以下の三点にこの理論の基本的メルクマールないし実益があった。すなわち、特別権力関係における特別権力の発動は一般に一種の公権力の発動と見なされ、一般権力関係におけるのとは異なり、

①　特別権力関係の内部においては「法治主義の原則」が妥当しない。つまり、特別権力主体は特別権力〈命令権・強制権・懲戒権〉の具体的な発動に際して、法律上の根拠がなくても、必要に応じて、行政内部規則により、特別権力服従者の権利を制限したり、義務を課すことができる。

②　特別権力主体は「特別に高められた権力主体」として、権力服従者に対して包括的支配権を有する。特別権力関係内部においては、特別権力服従者は原則として基本的人権を主張しえないか、これに対する広範なコントロールを受忍しなくてはならない。

つまり、特別権力主体は当該特別権力関係の設定目的を達成するために必要な範囲において、各個の場合に法律の根拠なしに、権力服従者の基本的人権を制約することができる。

③　特別権力関係内における措置・決定や懲戒処分などの権力行為は、たとえそれが重大な法的効果や権利侵害を伴うものであっても、特別権力関係内部規律行為として、原則として、これに対しては裁判上の救済が及ばない。

ドイツにおいては、このような反民主主義的・反法治主義的な公法上の特別権力関係論がその後、ワイマール憲法下においてはもとより、ドイツ基本法施行（一九四九年）後もかなり長い間教育界を風靡し、そして一九七〇年代に入って漸く克服されることになるのであるが、この間の経緯については後述するところである。

(2)　明治憲法下における学校特別権力関係論

ところで、上述のような一九世紀後半、ドイツ公法学によって擬制された公法上の特別権力関係論は、明治三〇年代にわが国に直移入された。この理論は当時の絶対主義的天皇制下の実定法構造にまさに適合的であったからである。

こうして、明治憲法下においては官吏の勤務関係と児童・生徒の在学関係は学説・判例上、公法上の特別権力関係と解されたのであるが、当時の学説・判例によれば、後者は以下のような法的構造をとることとなった。

児童・生徒は公立学校への入学でもって学校の権力領域に編入され、学校権力の包括的な支配権に服する。その関係は「特別に強化された権力関係」ないし「特別の服従関係」に他ならない。「被教育者たる身分を有するものは一般臣民として国権に服従するは勿論其以外に其身分による特別の服従関係を生ずるなり」（禱苗代『日本教育行政法述義』・一九〇六年）。

学校は学校権力の一般的発動として校則を定め、これにより、児童・生徒の基本的人権や自由を、各個の場合に法律の根拠なしに制約できる。

すなわち、「学校ハ・・教育上必要ト認メタル範囲ニ於テ、憲法法律ノ一般的規定ト異ナル規則ヲ設ケテ生徒ニ臨ムモ不可ナク…学校ニ於テ之ヲ強制スルモ、敢テ違法ニアラズ」（大山幸太郎『日本教育行政法論』一九一二年）と解され、また「学校の如き倫理的役務を目的とする営造物に在りては、其の目的とする事業の性質上、其の命令権の範囲は一層広大であって、直接に学業に関する事項の外に、居住の自由を制限し（たり）…服装の自由を制限して一定の制服を着用することを命じる等、一般の生活行動にまで命令権を及ぼし得る」（美濃部達吉『日本行政法〈下巻〉』一九〇四年）とされた。

上記のような学校の人的規律権は、懲戒権によって担保されており、「教育・感化等、倫理的の目的を有する営造物利用関係に於いては、営造物の作用として公法上の懲戒権がこれに伴ひ、其の規律に違反する者に対し、公法的性質の懲戒罰を課し得（た）」（美濃部達吉・前出書）。

また学校権力に基づく教育上の措置や決定は、特別権力関係内部規律行為として、非法律的措置とされ、「法律から自由な教育行政の領域」ないし「行政内部関係としての学校関係」におけるものとして、行政訴訟の対象とはならなかった。それは、「（特別）権力関係に於いて服従者をして訴訟に依り其の命令を争うことを得せしむることは、（特別）権力関係の秩序を紊す處が有るとする思想に基づいて居（た）」（美濃部達吉『日本行政法〈上巻〉』一九三六年）のであった。

以上、要するに、明治憲法下における学校関係は、「命令関係および特別権力関係としての学校関係」として、法から自由な学校権力の一方的規律下に置かれていたのであり、児童・生徒（親）はこれに対しなんらの防御権も有さず、ほとんど「無権利客体」でしかなかった、と断じることができよう。学校教育領域においては、明治憲法下の基本的人権＝「法律ノ範囲内ニ於ケル臣民ノ権利」（第二章）さえも確認されていなかったのである。

2　公法上の学校特別権力関係論の克服

(1)　民主的法治国家の原理と公法上の学校特別権力関係論

一九四九年五月に制定を見たドイツ基本法は民主的・社会的法治国家の原理を憲法上明記するとともに（二八条一項）、「立法は憲法的秩序に拘束され、執行権および司法は法律および法に拘束される」（二〇条三項）と規定した。併せて、「何人も、公権力によってその権利を侵害されたときは、出訴することができる」（一九条四項）ことも確認した。

本来、このような憲法体制下においては、既述したような反民主主義的・反法治主義的な公法上の特別権力関係論は妥当する余地はない筈である。果たせる哉、一九五〇年代後半から上記のような憲法上の原則に基づいて学説上、特別権力関係論一般に対する批判が強まることになる。「特別権力関係においても、相異なる法主体の権利範囲が互いに限界づけられ、一定の秩序をなしてその限界づけが強制されている限り、そこにも法は存在しうるし、それは法的に秩序づけられた生活関係である」という認識が見られ始めたのである（室井力・前出書）。「法律関係としての特別権力関係」という法的把握である。

たとえば、行政法学者、C.H.ウーレは一九五七年の論文「特別権力関係」において、いうところの特別権力関係を「基本関係」と「経営関係」に区別し、このうち基本関係における措置や決定に対しては、基本法一九条四項に基づいて、行政裁判上の権利救済が当然に及ばなくてはならないとして、特別権力関係における権利保護拡大の必要性を強く説いた。

また、たとえば、一九六五年のヘッセン州憲法裁判所判決がその例であるが、学校法域における係争事件に関し、当事者の基本権の侵害の存否という観点からアプローチする判例も見られ始めた。

そして、こうした行政法学説・判例に呼応する形で一九六〇年代後半以降、有力な学校法学説も学校関係を法律関係として構成し、教育行政機関・学校による生徒や親の法的地位や権利領域への介入は法律による授権を必要とする〈学校法域における「法治主義の原則」の妥当〉、という見解を採ることとなる。E. W. フース『行政と学校』(一九六六年)、H. U. エファース『行政と学校』(一九六六年)、R. ビンマー『ドイツの教育行政は法治国家的か』(一九六六年)、W. パーシェル『学校の民主化に際しての法の役割』(一九六九年)などの論稿における見解や、次に言及するH. ヘッケルの所説がそれである。

(2)　H. ヘッケルによる学校特別権力関係論批判

かつてドイツにおいて長年に亘って学校法学研究をリードしたH. ヘッケルは、一九六八年に公にした論文「行政政策の課題としての学校と学校行政」において、当時のドイツにおける学校法制と理論状況の欠陥を厳しく指弾して、下記のように唱導した。

「学校法の今日的中心課題は、憲法にいう社会的法治国家の原理を学校においても浸透・定着させることにある。とくに生徒および親の法的地位を学校に対して確立することによってである。こうして、従来、法律から自由な学校行政の領域に委ねられてきた学校関係に、法秩序の内部において、それにふさわしい場を保障することが肝要となる」。

そして翌一九六九年に刊行した『学校法学』第4版においては、上述したような憲法上の原理と学校との関係について次のような基本原則が存していることを、改めて確認する。

「全体主義的・絶対主義的な国家においては学校もまた全体主義的、絶対主義的で国家的である。民主的で自由な国家においては、学校もまた民主的で自由である。ドイツは、基本法二八条一項によれば、民主的な社会的法治国家である。……このことは法治国家の原理、社会国家の原理および民主制の原理が、個々の学校および総体としての学校制度に対して拘束力をもつ、ということを意味する」。

そして、この基本原則を踏まえて同書第4版では、『学校法学』第1版（一九五七年）から第3版（一九六五年）までの「特別権力関係としての学校権力」という章を削除し、これに代えて「学校関係」の章を設け、「法治国家における学校関係」と題して、伝統的な学校特別権力関係論を厳しく批判することとなる。それは端的に、下記のように概括できよう。

「いうところの『学校権力』という概念は学校の本質や役割、生徒と親の権利との緊張、そしてとりわけ法治国家原理からの要請により、もはやこれを維持することはできず、廃棄する必要がある。つまり、この概念が依拠してきた特別権力関係という法的形象は、法治国家的な秩序にあってはもはや存在の余地はない。長い間、『法治主義の原則から自由な学校権力』の規律下に置かれ、その形成が広範に教育行政に委ねられてきた学校関係を、法律と行政との法治国家的な関係に適合させなければならない。国民の自由や権利領域への行政の介入は、その年齢に関係なく、常に法律上の根拠を必要とする、という法治主義の原則は、学校関係に対してもまた適用されなくてはならない。

こうして、学校関係は法律関係として把握されなければならないことになる。ここで学校関係とは、学校と生徒および親との間の法的関係の総体をいう。学校関係は生徒や親の法的地位や権利領域に触れるものであるから、法治国家においては、それは行政機関の命令や措置によって一方的に規律されてはならず、相互的な法的関係として、法律によって規定されなくてはならない。

生徒は学校においても基本権を全的に享有しているのであり、親の教育権についても語られることがない。これらの基本権への学校の介入は法律上の根拠を必要とする。生徒が基本権を有しているということは、学校関係の法律による規律を、つまりは学校における、ないし学校に対する生徒と親〈教育権者〉の法的地位についての法律上の規律を求めることになる〈学校の法治主義化〉」。

(3) ドイツ連邦憲法裁判所の特別権力関係論否定判決

さて上述したような公法上の学校特別権力関係批判論も含めて、一九六〇年代後半の段階で学説上、この理論に対する否定論が優位に立つに至ったこともあって、一九七〇年代初頭、この法域は判例によって画期的な展開を見せることになる。

すなわち一九七二年、連邦憲法裁判所は伝統的に公法上の特別権力関係とされてきた刑務所収容関係について、「囚人の基本的人権もまた法律によってのみ、もしくは法律に基づいてのみ制約されうる」と判示して、刑務所収容関係への法治主義の原則の適用を認め、この理論に対して最終的に「死刑判決」を言い渡したのである。

そしてこの判決をうけて、一九七四年、今度は連邦行政裁判所が公立学校への性教育の導入と親の教育権との関係が争われた事件で、下記のように判じて、学校関係における特別権力関係論を全面的に否定し、今日に至っているという状況にある。

「基本法二〇条三項が定める法治国家原理および二〇条二項が謳う民主制原理は、立法者に、基本権が重要な意味をもつ領域においては、本質的な決定は立法者自らがこれをなし、行政権に委ねてはならないことを義務づける。」

法治国家原理は、公権力をそのあらゆる発現において、明確な権限規定と機能分化によって法的に拘束することを要請する。民主制原理は、あらゆる生活領域の秩序が、国民によって選任された立法機関の意思決定に基づかなければならないことを求める。基本権行使の領域においては、立法者は、国家の形成の自由に委ねられた法領域を自ら画さなければならない。……

……このことは学校制度の規律についても妥当し、立法者は学校制度の本質的なメルクマールはこれを自らが確定しなければならない。……学校関係は教育行政によって充足されうる法律から自由な領域であるとする、学校関係の特別権力関係への伝統的編入ならびに慣習法は、基本法の効力下においては、もはや容認するわけにはいかない」。

３　「法治主義の原則」とドイツ連邦憲法裁判所の「本質性理論」

⑴　ドイツ連邦憲法裁判所の「本質性理論」

上述したように、連邦憲法裁判所は一九七二年、刑務所収容関係への「法治主義の原則」の適用を認めて、伝統的な公法上の特別権力関係論をフォーマルに否定したのであるが、この「法治主義の原則」と係わって理論的に重要な役割を果たしてきているのが、連邦憲法裁判所の理論的創造に係る「本質性理論」である。

連邦憲法裁判所は、上記「刑務所収容関係判決」と同じ一九七二年の「大学入学者制限制判決」と「促進段階判決」において、「本質性理論」を初めて提示した。この点と係わって重要なのは、F. オッセンビュールの次のような指摘である（『法律の優位』一九八八年）。「本質性理論がまずもって学校法の領域で初めて採用されたということは決して偶然ではない。学校は一九七〇年代に至るまで絶対主義の孤島に止まっていた。教育政策上の第一級の決定が教育行政の秘密の薄暗がりの中で、すなわち、文部省令によってなされてきたからである」。

この理論はその後、一九七〇年代後半から一九八〇年代前半にかけての憲法・行政裁判においてもしばしば援用され、すでに連邦憲法裁判所と連邦行政裁判所の確定判例となっているのであるが、学校法域に引きつけて、これまで各種の判例で提示されたこの理論の具体的内容を概括すると、以下のようになろう。

「基本法七条一項は国家に教育主権を帰属せしめているが、しかし、いかなる国家権力が教育主権上の個々の任務を担う権限を有するか、については規定していない。従前の見解によれば、いうところの教育主権は行政の専管事項に属していたが、基本法の下にあっては、法治国家原理と民主制原理にもとづいて、国家的権能の整序がなされなくてはならない。

学校教育が国家や国民に対してもつ重要な意味に鑑み、自由の保障を旨とする法治国家的な「行政の法律適合性の原則」が学校関係にもまた推し及ぼされなければならない。また民主制の原理は学校制度のような重要な生活領域の規律は、少なくともその基本に関しては、民主的かつ直接的な正当性を有する立法者自身が責任をもち、公の意思形成の過程においては、様々な相対立する利害を考慮して、確定されなくてはならないことを要請する。

それゆえ、基本法にいう法治国家原理と民主制原理が立法者に対して、学校制度における本質的な決定は立法者自らがこれをなし、教育行政に委任してはならないということを義務づける。このことは、とりわけ基本権と係わる領域で、国家の形成に委ねられた法領域に妥当する。

どのような措置・決定が「本質的」であるか、したがって、議会に留保されなければならないかは、基本法に照らして決定されることになるが、その際、基本権の保護という視点が重要となる。

基本権が重要な意味をもつ領域においては、「本質的」とは、一般に基本権の実現にとって本質的ということを意味する。かくして、自由権的基本権が相互に競合しそれぞれの限界を画するのが困難な場合には、立法者はこのような生活領域に必要とされる基本的事項を自ら決定する義務を負う。

それでは、具体的にどのような事項に関する決定が「本質的な決定」として、議会に留保されなければならないかであるが、たとえば、下記のような事項がこれに属する。すなわち、基本的な教育目的の決定、各種の学校種・学校形態の性格や教育内容の基本的メルクマール（促進段階や総合制学校の導入など）、教科目や教育領域（性教育や倫理教育の導入など）、学校による教育提供の拡大（終日学校の導入など）、学校の設置・廃止・移転・統合に関する一般的基準、教育スタンダードの導入、教科書検定手続、学校の組織構造、国と地方自治体の責任関係、教育財政、就学義務の設定と形成、法律関係としての学校関係、上級学校への入学条件、成績不良による退学に関する基本的要件、受験者の将来を左右するような学校の試験、退学処分のような生徒の自由領域を強度に制限する秩序措置の要件と手続、生徒の意見表明の自由に対する制限、とくに生徒新聞の発行に際しての制限、などがそれである。

立法者が法律事項の具体的な規律を行政権に委ねる場合には、立法者は授権の目的・内容・範囲・程度を法律で規定しなければならない」

(2)　「本質性理論」と学校の法治主義化

以上が、一九七〇年代初頭以降、今日までに連邦憲法裁判所と連邦行政裁判所によって示された、学校法域における「本質性理論」の概要であるが、この理論の意義として、現在ドイツの指導的な学校法学者・H. アベナリウスは大きくつぎの二点を挙げている。

一つは、「法治主義の原則」を学校関係にも妥当せしめ、それでもって伝統的な公法上の学校特別権力関係論を克服したことである。他は、従来、国民の自由と財産に対する侵害に限定されていた「法治主義の原則」の妥当範囲を、侵害行為だけではなく、学校制度における国家のすべての組織的・計画的・管理運営的行為にまで拡大したことである。

4　日本国憲法下における法制状況

(1)　特別権力関係論の過剰と拡大

既述したように、明治憲法下においては、児童・生徒の在学関係は公法上の特別権力関係＝特別の支配・服従関係とみなされ、その結果、児童・生徒は「法から自由な学校権力」の包括的支配権の前にほとんど「無権利客体」でしかなかった。

上記にいわゆる公法上の特別権力関係論は、日本国憲法施行（一九四七年）後もかなりの間教育界を風靡した。それどころか、教育行政法的な「学校特別権力関係論」においては、児童・生徒の在学関係や教員の勤務関係だけでなく、「教育行政における包括的支配権――特別権力関係」（木田宏『教育行政法』一九五七年）という設定で、学校の組織・権限関係を含む公立学校管理関係全体が公法上の特別権力関係とされるに至り、伝統的理論の「過剰と拡大」すら行われてきたのであった。

ところで、いうところの公法上の特別権力関係とは、行政法学上、「一般権力関係（一般支配関係）に対し、公法上の特別の原因に基づき、公法上の特定の目的に必要な限度において、包括的に一方が他方を支配し、他方がこれに服従すべきことを内容とする関係をいう」（田中二郎『要説行政法』一九七四年）と定義される。

そして現行憲法下においても、公務員の勤務関係、受刑者の刑務所収容関係および国公立学校の在学関係が、こうした特別権力関係だと見なされてきた。この理論を国公立学校の在学関係に引きつけて具体的に言えば、次のようになる。

「生徒となるということは、特定の目的のために必要な限度においては、発せられる命令に服従するということを包括的に一般的に同意しているのである。したがって、そういう法律関係においては、……一々の学校当局の指示に、一々法的根拠がなくても指揮、監督でき、また指示、命令することができるという関係になるのである」。

「学校の廊下を走ることを禁じ、下駄ばきで教室に入ることを禁じ、生徒の長髪を禁じ、制服を着用することを命じ、在校中の私用外出を禁じ、……これらの禁止や命令に違反した者に対し、懲戒処分をすることができるのは……以上の法理に基づく」（今村武俊「教育行政の基礎知識と法律問題」・一九六六年）。

(2)　学校特別権力関係論の克服

それでは、このような公法上の学校特別権力関係論の当否はどうか。主要には以下に摘記する理由により、現行憲法下においては、この理論はもはや容認されうる余地はなく、全面的にその存在を否定されるべきものと断じてよい。

①　すでに言及したように、いうところの公法上の特別権力関係論は、絶対主義的君主・行政権優位の憲法体制下の一九世紀ドイツに生まれたもので、それは、民主的・法治国家的な要請に対して、絶対主義的君主・行政部の命令権力を法治主義の範囲外に維持するための理論装置として擬制されたものであった。つまり、この理論は絶対主義的要請に応える法解釈論として、「侵害行政としての高権行政」と深く結合し、歴史的に、反民主主義的・反法治主義的性格を強く担ってきたものなのである。だからこそ、明治憲法下の絶対主義的な実定法構造によく適合しえたのであった。

しかし、日本国憲法は国民主権を基盤に、徹底した人権尊重主義と法治主義の原理を採っており、絶対主義的・権力主義的色彩が濃厚で反民主的な特別権力関係論は、こうした憲法体制と原理的に相容れないと言わなければならない。

②　旧法制下の学校特別権力関係論は、「国家の学校教育独占」を背景に、国家的事務としての「学校教育は国家権力作用」＝「公権力の行使」であるとの前提に立ち、国公立学校

の在学関係を権力関係だと見なしてきた。

けれども、日本国憲法下ではこうした国家権力的教育観は維持されえず、学校教育関係は「教育主権」＝「国民総体の教育権能」による規律に服してはいるものの、その基本は法律関係＝教育行政当局・学校（法人）と生徒・親との間の相互的な権利・義務関係と見られなくてはならない。それに、国公立学校在学関係だけを特別権力関係とし、私立学校のそれとは異質なものとして構成するのも論理的に十分説得的ではない。両者は、その本質において、法的には同質なものとして理解すべきなのである。

③　現行法制下においては、生徒は学校内にあっても基本的人権の主体として存在しており――言い換えると、憲法の人権保障条項は原則として学校・生徒にも直接的に適用され、教育行政機関や学校は「憲法からの自由」を有してはいないということ――、その基本的人権は学校に対する積極的・能動的な権利として機能すると同時に、生徒の権利・自由領域への教育行政機関・学校の介入に対する防御権として働き、こうして学校における生徒の法的地位を基礎づけ、保障することになると解される。

また、親も子どもの学校教育について自然権的基本権としての「親の教育権」を憲法上享有しており〈「憲法的自由」ないし幸福追求権（憲法一三条）の保護法益としての親の教育権〉、教育という営為の本質上、この親の権利は教育行政・学校教育の領域においても強くその発現を求めることになる。

とすれば、学校特別権力関係論が説くように、生徒や親を学校における無権利客体と見なし、教育行政機関や学校が「憲法から自由な権力領域」を掌握することは、もはや到底認められないと言うべきであろう。

たしかに、学校は教育運営に際し生徒に対して一定範囲の包括的な教育権能をもっているが、しかしそれは特別権力的な包括的支配権ではなく、私学と共通する「教育上の一般条項的な権能」に他ならないと見るべきものなのである。そして学校教育関係においても、生徒が基本的人権を享有しているということを基本的な前提としたうえで、学校がその包括的な教育権能によって、生徒のいかなる基本的人権を、いかなる根拠から、どの程度制約しうるかを具体的に明らかにすることこそ重要だと言えよう。

５　学校部分社会論と生徒の法的地位

⑴　「部分社会」の法理

いわゆる「部分社会」論は、米内山事件に関する最高裁判所決定（一九五三年）において田中耕太郎裁判官が少数意見として表明した「法秩序の多元性」論に端を発する。

それは、要するに、「国家なる社会の中にも種々の社会、例えば公益法人、会社、学校、社交団体、スポーツ団体等が存在し、それぞれの法秩序をもっている」もので、それらの「特殊的法秩序」と「国家法秩序即ち一般的法秩序」との関係をどのようなものにするかは、国家が「公共の福祉の立場から決定すべき立法政策上の問題である」というものであった。

こうした考え方はやがて最高裁によって採用されることになる。村議会議員の出席停止の懲罰が争われた事案で、最高裁（一九六〇年判決）は、「自律的な法規範をもつ社会ないしは団体に在っては、当該規範の実現を内部規律の問題として自治的措置に任せ、必ずしも、裁判にまつを適当としないものがあり」、本件の如きはまさにそれに当たる、との見解を示した。

その後、最高裁（一九七七年判決）は、富山大学単位不認定事件において、「大学は、国公立であると私立であるとを問わず……一般市民社会とは異なる特殊な部分社会を形成しているのであるから、……一般市民法秩序と直接の関係を有しない内部的な問題は右司法審査の対象から除かれるべきものである」と判示した。

ここにおいて、いうところの「法秩序の多元性」論は「部分社会」論として結実・完成したわけである。

こうして、下級審の判決例も含めると、今日までに地方議会、宗教団体、工場自治会、弁護士会、政党、労働組合、それに国・公・私立の学校がこの法理によって説明されている。

(2) 「学校部分社会」論批判

上述のように、いわゆる「学校部分社会」論は一九七七年の最高裁判決以来のものであるが、近年、多くの校則裁判でこの理論が援用される傾向にある。

たとえば、修徳高校パーマ校則事件に関する東京地裁判決（一九九一年）はこう述べている。

「団体は、その結成目的を達成するため、当該団体自ら必要な事項を定め、構成員等当該団体内部を規律する権能を有する。高等学校もまた、高校は、生徒の教育を目的とする団体として、その設置目的を達成するために必要な事項を学則等により一方的に制定し、これによって在学する生徒を規律する包括的権能を有するものと解され（る）」。

またバイク禁止校則事件に関する千葉地裁判決（一九八七年）も、大要、つぎのように判じている。

「学校は生徒の教育を目的とする『特殊な部分社会』であり、そこでこの目的を達成するために、教育上の広範な裁量権と生徒に対する包括的な規律権を有している。したがって、これらの権能にもとづく措置・決定は、一般市民法秩序と直接関係する場合や、重大な権利の侵害が問題となっている場合は別として、学校の内部関係における自律的措置であり、これに対しては原則として司法審査は及ばない」。

ここで重要なのは、いうところの「部分社会の法理」が学校に援用されることで、学校教育関係への法治主義原則の適用排除、学校の生徒に対する包括的な規律権＝生徒の基本的人権に対する広範な規制権、および学校の広範な教育裁量権とそれに基づく措置・決定に対する司法審査の排除が導かれ、伝統的な学校特別権力関係論の法的効果が実質的に存続せしめられている、ということである。部分社会論は「部分社会＝制度そのものの秩序形成・秩序維持作用に着目し、それを強調することによって制度内構成員の権利・自由の制限を正当化することを志向する」ものだからである（奥平康弘『憲法Ⅲ――憲法が保障する権利』一九九三年）。

なるほど最高裁が判じているように、「一般市民社会とは異なる特殊な部分社会」が存在し、そして、そこにおいては独特な法秩序が形成されうる余地が存しよう。

問題は、「憲法との係留関係」を示さないままに、しかも「部分社会」というような一般的・抽象的概念からア・プリオリに、そこにおける法治主義原則の適用排除、基本的人権に対する広範な制約ならびに措置・決定に対する司法審査制限を一律に導いていることである。ひとくちに「部分社会」といっても、たとえば、政党や労働組合と学校ではその目的や役割・存在意義を大きく異にしており、同列に論じることはできない。

それにいうところの部分社会＝制度においても、「制度内の自由」が確保されなければ、憲法による人権保障の妥当範囲は現実には大幅に狭まり、憲法的秩序は内側から侵蝕されてしまうことになる。

いうところの「部分社会」の自律的権能によって、いかなる基本的人権が、いかなる根拠から、どの程度規制されうるか。そこにおける措置や決定に裁判上のコントロールが及びうるか。肯定の場合は、その範囲と強度はどうなるか。これらの事柄は、それぞれの社会・団体の目的や存在理由・性格に即して、個別に判断されるべきであろう。

このような観点からは、いうところの「学校部分社会論」には次のような理論的難点があり、これに与するわけにはいかない。

① 学校は教育運営上一定範囲の包括的権能をもっているが、しかしそれは一般条項的な権限という意味においてである。この権能は、その行使に際して法治主義原則はもとよより、生徒の基本的人権や親の教育権によっても制約をうけ、「法から自由な一方的かつ包括的な規律権」ではありえない。

② 学校の生徒に対する包括的権能は学校の教育目的や学校に信託された教育責務を達成するために容認されているものであるが、学校の役割＝学校教育の目的は、既述したよ

うに、端的に言えば、児童・生徒を「自律的で成熟した責任ある市民」「自由で民主的な主権主体・能動的な政治主体」へ育成することにある。こうして「人格の完成を目指し」（教育基本法一条）、「基本的人権の自律的な行使主体と民主的な主権主体への教育」を任とする学校においては、基本的人権は格別に重要な意味をもち、より強くその発現を求めることとなる。

③　学校関係は「教育行政機関や学校の任意な処分に委ねられた領域」ではなく、「学校法制上の法律関係」であり、法律関係である以上、それに係わる紛争は原則として司法権の対象となると解すべきである。

④　私学の役割や存在意義と係わって、「私学の自由」を憲法上の基本権として享有し――いわゆる「憲法的自由」として憲法による保障を受けていると解される――、また「結社の自由」条項（憲法二一条一項）の適用のある私学と、国公立学校を「部分社会」として同列視することはできない。

なお、上述したような学校部分社会論は民主的法治国家を標榜する諸外国、とくに公法上の学校特別権力関係論の母国ドイツにおいては見られておらず、わが国の学説・判例に特有な特殊日本的な法理論である、ということを付言しておこう。

第2章　主権者教育と教員の「教育上の自由」

1　教員の「教育上の自由」とは何か——義務に拘束された自由

(1)　法的権利としての教員の「教育上の自由」

学校教育法によれば、教員の職務は「児童の教育をつかさどる」ことにある（三七条一一項＝中学校・義務教育学校・高校・特別支援学校にも準用）。

改めて書くまでもなく、教育は子どもの人間としての個性豊かな成長・発達を目ざす、高度に人格的で創造的な精神的営みであり、そこで、事の本質上、教員は子どもの資質・性格・発達の状態などを考慮し、各自それぞれに創意工夫しながら教育活動を展開することが要請される。

その際、教員には教育活動の「合法性」を確保することはもちろんであるが、その域を超えて、様々な教育上の可能性のなかから、何が最もよく子どもの成長・発達に適うかの「合目的性」＝「子どもの最善の利益」（子どもの権利条約三条）を追求することが求められている。つまり、「教育過程は個人的で状況関係的なものであり、それ故に、その中核においては規範や命令による画一化にはなじまない」のであり、こうして、この「教育過程の自律性から教育内容と方法の決定に関する一定の自由が帰結されることになる」（H．U．エファース『行政と学校』一九六六年）。

また教員は職務上、自らが自由で自律的に行為できる場合においてだけ、児童・生徒を民主的自由ないし「自律的で成熟した責任ある市民」〈自律的人間型〉に向けて教育することができると言えよう。自らが不自由で、非民主的・従属的な関係に置かれた「管理された教員」にどうして「自律への教育」・「民主主義への教育」が期待できよう。一九二〇年代、ドイツ教員組合が「教職の自由」を求め、「教員の解放なしには、子どもの解放はありえ得ない」をスローガンに教育運動を展開した所以である。

くわえて、「教育の仕事は専門職とみなされるべきである」（ユネスコ「教員の地位に関する勧告」六項・一九六六年）から、教員は職務遂行上、相対的にではあるが、「専門職的自律性」（professional autonomy）を享有することになる。

こうして教員にはその職務遂行に際して、自らの教育専門的判断と固有責任において行為し、決定できる職務事項・領域が認容されなくてはならない、ということが導かれる。教職に内在的な職務上の自律性と固有責任の承認である。

表現を代えると、教員がその教育責任を適切に果たすためには、教員に対して「教育上の自由」が法的に保障されなくてはならない、ということであり、だとすれば、先に引いた学校教育法の教員の職務規定にはこの理が当然に包含されていると解するべきであろう。

実際、ドイツにおいては、一九六〇年代後半以降、各州の学校法が「学校の教育自治」や「教員会議権」とともに、その基盤をなす教員の「教育上の自由」を「教員としての特別な権利」として実定法上保障するところとなっており、そして教員のこの自由は、学説・判例上、教員の公務員法上の地位を補充・修正する学校法制上の原理だと解されるに至っている。

ちなみに、この点について、たとえば、ヘッセン州学校法（二〇〇五年）は下記のように明記している。

「教員は、……その固有責任において教育を行う。教員の教育活動のために必要とされる教育上の自由は、法規や会議決定によって不必要かつ不当に制限されてはならない」。

そして、上記のような教員の「教育上の自由」の法的保障の効果として、同州においては、学校監督庁や校長による教員の教育活動に対する監督は法監督――合法性を確保するための監督で合目的性の適否には及びえない――だけに限定されるところとなっている。

(2)　教員の「教育上の自由」は憲法上の基本権か

このように教員は職務上、「教育上の自由」〈教育権〉を享有していると解されるのであるが、有力は憲法・教育法学説および「学力テスト」事件に関する最高裁判決（一九七六年）によれば、教員のこの自由は憲法上に根拠をもつ基本的人権だと捉えられている。このような見解は、憲法上の根拠条項により、大きく、以下の四説に分かれている。

憲法的自由説　この説は、日本国憲法の自由権条項は「人類の自由獲得の努力の歴史的経験に即し、典型的なもの」を例示的に掲げているのであって、「列挙した自由以外のものはこれを保障しないという趣旨ではない」。これら以外の自由は「一般的な自由または幸福追求の権利の一部として広く憲法によって保障されている」とするもので、かくして、「主権の実質的担い手になるべき次の世代を権力に干渉されずに国民的立場において教育する自由」である「教育の自由」は、こうした「憲法的自由」の一つとして、憲法による保障を受けている、と解するものである（高柳信一『憲法的自由と教科書検定』一九六九年）。

憲法二三条説＝学問・教授の自由説　教員の教育上の自由は憲法二三条「学問・教授の自由」によって保障されている、と解する立場である。こう説かれる。

「教育においては真理教育が要請され、教育は学問的成果にもとづいて、……および子どもの発達の法則性に即して行われなければならない」から、「教師は各教科の関連科学および教育学の学問的成果を身につけ、自らも関連科学と子どもの成長発達に関する研究者でなければならず、その研究成果にもとづく教育実践を行わなければならない」。

こうして、「普通教育段階においても、教師は職務遂行上、学問の自由＝教授の自由が保障されている」（日教組編『教職員の権利全書』一九八四年）。

また指導的な憲法学説によっても、「初等中等教育機関における教師の教育の自由を憲法の保障から排除する説は妥当ではない。また、学問の自由を伝統的な意味の『大学の自由』に限定しないで解する以上、教授の自由と教育の自由を概念上区別する見解も、必ずしも説得的とは思えない。教師の教育の自由を学問の自由に含まれるものと解する積極説……が妥当であろう」とされ（芦部信喜『憲法学Ⅲ』一九九八年）、さらに先に触れた最高裁判決も、憲法二三条の学問の自由には「教授の自由」が含まれるとしたうえで、下記のように判じている。

「普通教育の場においても、例えば教師が公権力によって特定の意見のみを教授することを強制されないという意味において、また子どもの教育が教師と子どもの間の直接の人格的接触を通じ、その個性に応じて行われなければならないという本質的な要請に照らし、教授の具体的内容及び方法につきある程度自由な裁量が認められなければならないという意味においては、一定の範囲における教授の自由が保障される」。

憲法二六条が保障する「教育をうける権利」の内容は広汎かつ多面的であり、この権利の前提には、

憲法二六条説＝教育をうける権利説

「教育の自由があり、したがって、国が教育制度を確立し教育の場を提供するに当たっては、各人のそうした自由が最大限に充足されるように配慮することが要請される。教育は人格的接触を通じて人の潜在的資質を引き出す創造的作用であるから、教育の実施にあたる教師の一定の『教育の自由』も、当然そのような配慮の中に含まれていなければならない」とする見解である（佐藤幸治『憲法（第三版）』一九九五年）。

憲法二三条および二六条説

この説は、「教師の教育権には複合性があるため、その保障の根拠もまたある程度複合的にならざるをえない」として、次のように述べている。

学校教師の教育の自由は「真理教育という意味での『学問の自由』との結びつきがあるが、……より広く、文化をになう国民としての文化的教育の自由や、子どもの成長発達を見定めていく専門的教育の自由を意味するものと考えられるのである。そしてとくに、個人および集団としての学校教師の専門的教育の自由は、子どもの教育をうける権利保障（憲法二六条）の一環をなすという意味で現代的な教育人権性を有していると解される」（兼子仁『教育法』一九七八年）。

(3)「義務に拘束された自由」としての教員の「教育上の自由」

上述のように、わが国においては、学説・判例上、教員の「教育上の自由」〈教育権〉は憲法上に根拠をもつ教員の基本的人権だとする見解が有力なのであるが、しかし、このような見解は、その憲法上の根拠条項の如何に拘わらず、いずれも妥当とは言えない。それは、主要には、次のような理由による。

(1)　いうところの教員の「教育上の自由」は、以下に述べる通り、「自由」とは言っても、親の教育権の義務性にも似て、義務性を濃厚に帯びた「義務に拘束された自由」たることをその本質的な属性としているということが重要である。

改めて書くまでもなく、大学教員は基本的人権として、つまり憲法上の個人的自由権として、「学問・教授の自由」（憲法二三条）を享有しているが、普通教育学校の教員の「教育上の自由」はいかなる意味においても、このような個人的自由権――「国家が個人の領域に対して権力的に介入することを排除して、個人の自由な意思決定と活動とを保障する人権」（芦部信喜著・高橋和之補訂『憲法（第七版）』岩波書店、二〇一九年）――ではありえない。この権利は、教員自身のために保障された「自分の利益をはかる権利」ではなく、教員がその職務を責任をもって遂行し、学校がその教育責務を履行できるように、学校法制・教員職務法制上の要請にもとづいて保障されているものである。

つまり、教員のこの自由は教員の個人的自由ではなく、「学校目的および子どもの利益に向けられた自由」だということである（H．U．エファース・前出論文）。

敷衍すると、いうところの教員の「教育上の自由」は、教員によって支援・促進されるべき児童・生徒の学習権・人格の自由な発達権ならびに適切な学校教育を提供するという国（自治体）の教育責務に対応する自由であり、したがって、その法的実質は児童・生徒の学習権・人格の自由な発達権によって強く規定されるとともに、教育主権＝国民総体の教育権能によっても相当の規律を受けることになる、ということである。

(2)　公教育制度の計画・組織・編成・運用に関する一般的形成権ないし規律権は、司法、課税、警察等に関する権能と同じく、国家の主権作用＝教育主権に属しているのであるが、学校教育の目的や内容・方法などのいわゆる「内的事項」もまた、教育主権の規律対象に含まれている。国民の「教育をうける権利」（憲法二六条一項）に対応して公教育体制を維持し、そこにおける教育内容の水準を維持し、さらには国民教育としてナショナルなレベルで一定の共通性をもたせようとする限り、国家・統治機構が教育内容に関しても一定範囲・程度の権能や責務をもつに至ることは当然だからである。

こうして、教員の「教育上の自由」も教育主権による規律を受けることとなり、くわえて、現代公教育の基幹的な制度原理の一つとして、「教育の政治的中立性」の原理も存している。

ちなみに、この点、先に言及したように、「学力テスト」事件に関する最高裁判決は普通教育学校の教員にも、憲法二三条にもとづいて、「一定の範囲における教授の自由が保障」されていると判じているのであるが、しかし、この判決は、(a)児童・生徒には教授内容を批判する能力がなく、教師が強い影響力・支配力をもつこと、(b)子どもの側に学校や教師を選択する余地が乏しく、教育の機会均等をはかるうえからも全国的に一定の水準を確保する要請が強いこと、などを挙げ、「教師に完全な教授の自由を認めることは、とうてい許されない」とし、教育内容に対する国の「必要かつ相当と認められる範囲」の規律権を容認している点で、この限りにおいては、上述したところと基本的には同じ理論的立場に立っていると捉えられる。

なお上述した点について、比較学校法学の観点から若干補強しておくと、ドイツにおいても一九六〇年代から一九八〇年代初頭にかけて、教員の「教育上の自由」の根拠を基本法が保障する「教授の自由」（五条三項）に求める学説が強力に唱導された。しかし憲法学の支配的見解は「教授の自由」にいう「教授」とは自己の研究によって得られた成果を伝達することと狭義に解し、この条項はもっぱら大学教員を対象とする学術・研究条項であるとして、学校教員への適用を排除してきている。

また教員の「教育上の自由」を子どもの「自己の人格を自由に発達させる権利」（基本法二条一項）から導く見解も存したが、学界において支持を獲得するには至らず、こうして学校法学の権威・H.アベナリウスによれば、「このような従前の試みは頓挫したと言わなければならない」と論断されるに至っている（H.アベナリウス『学校法』二〇一九年）。

また一九五二年の連邦最高裁判所判決以来、学校教員も合衆国憲法修正第一条＝（信教・言論・報道・出版の自由・集会の権利の保障）および第一四条＝（明文上の根拠を欠く憲法的権利を保護するデュー・プロセス条項）により、「学問の自由」（academic freedom）を享有しているとされてきているアメリカにおいても、教員のこの自由は生徒の成熟度・判断能力ならびに学校の機能・規律の維持要請によって制約をうけると捉えられているところである（M.イムバー／T.V.ゲール『教育法』二〇〇〇年）。

(4)　学校法制上の職務権限としての教員の「教育上の自由」

学校教育法三七条一一項が定める教員の職務は、国・自治体・学校法人等に信託された教育主権＝国民総体の教育権能の行使ないし親の教育権が、さらにその組織体内部で教員に授権されたことに基づいている。

つまり、一般に教員の教育権と称されているものの法的性質は、第一次的には、学校教育の権利主体たる設置者法人の内部において配分された職務権限、すなわち、公立学校教員について言えば、それは地方公務員である教員が地方自治体の内部機関として容認された教育権限に他ならない。

表現を代えると、「教師は、親の直接的な信託（私立学校の場合）もしくは間接的な信託（国・公立学校の場合）、および国民一般の抽象的な信託に基づいて存在するところの学校設置者のagent（機関）として、子どもたちと接する。教師の『教育権』は、こうした制度的な制約のもとにおいてのみ成立するものであるから、権利というよりは、権限である」ということである（奥平康弘『教育を受ける権利』一九八七年）。

既述したように、たしかに教員には職務遂行上、自らの判断と責任において決定できる事項・範囲が認容されているが、しかしそれは、第一次的には、あくまでこのような「権限」としてである。いうところの教員の「教育上の自由」は学校教育法令の範囲内において許容されているものであり、さらに事柄によっては、教育委員会の学校管理権や校長の校務掌理権のコントロール下に置かれることになる。

この点、教員の「教育上の自由」をすべての州において実定法上の権利として明示的に保障しているドイツにおいても、教員のこの自由は学校法その他の法規はもとより、規律事項によっては、学習指導要領によっても拘束される、とするのが学校法学の通説および判例である。

なお、教員の「教育上の自由」を「親の教育権」と対比すると、親の教育権が親子という自然的血縁関係にもとづくオリジナルなもので、いわば「親族上の原権」・「憲法上の自然権的基本権」・「子どもの教育についての包括的・全体的な教育基本権」であるのに対し〈始源的教育権〉、学校教員のそれは教育公務員として配分された副次的・部分的・機能的・技術的な教育権限である〈副次的教育権〉という点で、その法的性質・権利としての強度と重み・妥当範囲において決定的な差異がある。この違いは学校法制上、格別に重要であるが、わが国においてはこのことは全くといってよいほど認識されていないのが現状である。

2　主権者教育において教員は「政治的意見表明の自由」を有するか

上述のように、教員は「教員としての特別な権利」として、学校法制上、「教員の教育上の自由」を享有していると解されるのであるが、一方でその職務遂行に際して政治的中立性を要求されている。果たして、教員は主権者教育において政治的な事柄を取り扱う場合、その有する「教育上の自由」に依拠して、たとえば、沖縄県の基地問題や日韓の歴史認識問題など、現下の争論的な政治テーマを取り上げたり、また、これに関して自己の政治的見解を表明することができるのか。可能な場合、それはどのような態様においてなら認容されるのか。またこの場合、教育の政治的中立性の原理、学校の役割や主権者教育の目的、生徒の学習権・人格を自由に発達させる権利との関係はどうなるのか。

この問題は、わが国においては、既述した通り、一九五〇年代前半の文部省による日教組へのいわゆる「偏向教育」批判以降、長年に亘って深刻な論議を呼んできているが、この問題について、文部科学省の通知「高等学校等における政治的教養の教育と高等学校等の生徒による政治的活動等について」（二〇一五年）は下記のように述べている。

「（政治的教養の教育の）指導に当たっては、教員は個人的な主義主張を述べることは避け、公正かつ中立な立場で生徒を指導すること」。「指導に当たっては、学校が政治的中立性を確保しつつ、現実の具体的な政治的事象も取り扱い、生徒が有権者として自らの判断で権利を行使することができるよう……指導すること」。「学校における政治的事象の指導においては、一つの結論を出すよりも結論に至るまでの冷静で理性的な議論の過程が重要であることを理解させること」。

つまり、文部科学省の見解によれば、教員が主権者教育で現実の具体的な政治的事象を取り扱うことは差し支えないが、しかしその際、教員が個人的な見解を述べることは許されないとされる。

また文部科学省内・教育法令研究会編『教育法令コンメンタール』（加除式）は教育基本

法一四条二項の解説でこの問題に触れ、次のように述べている。
「教員が政治的教養に関する教育を行う場合、党派的な主張や政策に触れることはあり得ることであり、各政党の政策等を評価、批判することが直ちに本項に抵触するものではないが、その場合には、……教員の個人的な主義主張を避けて公正な態度で指導」しなければならない。

ここでは、より具体的に教員が主権者教育において各政党の党派的な主張や政策に触れ、それについて評価・批判することは可能であるが、ただその場合、上記文科省通知と同様、教員が個人的な見解を表明することは許されないとされている。

さらに現行法制上、学校においては教科用図書以外に補助教材を使用することができるとされており（学校教育法三四条四項）、したがって、教員は主権者教育で時事的な事柄を取り扱う場合、たとえば、新聞などを補助教材として使用できるのであるが、ただその場合、学校は補助教材の使用について、教育委員会への届出とその承認を受ける義務を課されるところとなっている（地方教育行政法三三条二項）。くわえて、二〇一五年の文科省通知「学校における補助教材の適切な取扱いについて」は、教育委員会に対して「必要に応じて補助教材の内容を確認するなど、各学校において補助教材が不適切に使用されないよう管理を行うこと」を義務づけている。

以上から知られるように、主権者教育に係わる現行法制とこれに関する文科省の公権解釈によれば、教育行政機関は主権者教育の内容や方法についてもかなり強度の規律権・介入権を有しており、こうして、この面で教員の「教育上の自由」ないし「政治的意見表明の自由」が機能する余地は著しく狭くなっている。

しかし、このような文科省の解釈とそれの基づく教育行政運用は、果たして、教育基本法一四条の本旨に適っていると言えるのか。

もとより、教員が主権者教育において、自己の政治的信念や党派的見解だけを生徒に対して一方的に述べることは、教育基本法一四条二項が禁止する「党派的政治教育」＝インドクトリネーションに該当し、許されない。しかし、教員が憲法の理念や基本的価値、教育における価値多元主義、教育の中立性原理などを踏まえ、生徒の学習権・人格を自由に発達させる権利にも配慮して、主権者教育でリアルな政治的テーマを取り上げ、これについて自己の見解を表明することは、むしろ教育上有益であり、教育基本法一四条の趣旨に適うと言えよう。それを通して、生徒は現実の政治問題について知識を獲得し、自らの批判的な判断力を形成し、自分自身の政治的見解や立場がもてるような契機になるからである。

敷衍すると、教員が主権者教育で「論争的な問題を積極的に取り上げ、生徒が対立する見解について自分たちで情報を集め、分析・整理して、議論し、価値判断し、意見表明していくという政治参加のための『技能』を培っていく教育」を進めることは、まさに教育基本法一四条が要請するところであり、このような「市民の存在を前提として初めて、国民主権・民主主義の統治が機能しうる」からである（竹内俊子『政治教育と主権者教育』二〇一七年）。

主権者教育における教員の「政治的意見表明の自由」は、上述した教員の「教育上の自由」の保護法益であるだけでなく、教育基本法一四条にも根拠をもつ優れて教育法的な権限である、ということが重要である。

ちなみに、この点と関連して、朝日新聞（二〇一六年七月六日）は「『主権者教育』縛られた教室で」の見出しで、神奈川県の高校教諭の話としてこう報じている。「生徒から聞かれた。『先生はどう思う？』。教諭は思う。『先生は考えを言えないことになっています』とでも話せばよいのか。それで自分の意見を持てと指導できるのか」。

なお、この点、下記のような学校法制度を擁しているドイツとは際立った違いが見られている。すなわち、ドイツにおいては、

①　一九七六年以来、政治教育の基本原則として、「ボイテルスバッハの合意」が存しており、(a)教員は自らの見解によって生徒を圧倒し、それによって生徒の自律的な判断の獲得を妨げてはならない〈圧倒の禁止〉、(b)学問と政治において議論のあることは、授業においても議論のあるものとして扱わなくてはならない〈議論性の要請〉、(c)生徒は政治状況と自

分の利害関係を分析し、自分の利害に基づいて、自らが当面の政治状況に影響を与えることが可能な状況に置かれなくてはならない〈参加へのオリエンテーション〉、の三原則が政治教育の基本原則として確立しており、各州の政治教育に係わる政策・法制・判例・学説も基本的には概ねこの基本原則を踏まえている状況にある。

②　学説・判例上、一般的に教員には授業において「政治への禁欲」＝「授業と政治の隔絶」は求められておらず、むしろ学校の重要な役割の一つが生徒を「政治的成熟」に向けて育成することにあることから、すべての教科を貫く教授原則として、教員には広い意味での「政治教育への義務」が存している。

③　学校法学の支配的見解および判例によれば、教員が授業において政治的な事柄を取り扱う場合、教員は自己の政治的見解を表明することができる。ただその場合、教員は自己の政治的信念や見解だけを生徒に対して一方的に述べることは許されず、これに関する様々な見解を客観的に提示しなくてはならない。これに関して生徒が自らの批判的な判断力を形成し、自分自身の政治的見解や立場がもてるようにするためである。

④　以上のことは各州の現行学校法も明文でもって確認するところとなっている。規定例を引くと、たとえば、ベルリン州学校法はこう書いている。

「教員は授業において自己の見解を表明する権利を有する。但し、学校の教育責務の範囲内において、授業の対象として重要だと見られる他の見解もまた認められるように配慮しなくてはならない。生徒に対する一方的な影響力の行使は、いかなる場合においても認められない」。

⑤　ドイツにおいては現行学校法制上、学校の「教育自治」ないし教員の「教育上の自由」は基幹的な法理として確立しており、教科書の採択や補助教材の選定・使用は各学校ないし教員の自律的な決定事項に属している。したがって、教科書検定制度は敷かれていないもの――わが国におけると同様、教科書検定制度違憲訴訟が提起されたが、連邦行政裁判所はこの制度は教育主権の一環をなすもので、国家の学校監督権（基本法七条一項）に根拠をもつと判示して、訴えを斥けている（一九七三年）――その域を超えて、教育行政機関が学校における政治教育の教科書の採択や補助教材の選定・使用、つまりは政治教育の内容や方法には権力的に介入できない仕組みになっている。

3　国民の政治活動の自由

ドイツの文部大臣会議の「民主主義教育の強化に関する勧告」（二〇〇九年）も述べているように、「民主主義は自明ではなく、それは常に習得し、闘い取り、活性化され、防御されなければならない、ということを我々は知っている。民主主義は、信念をもち、政治・社会とコミットする民主主義者を必要とする」。

つまり、民主主義の成否は基本的には主権者たる国民の政治意識・政治的成熟度、自由な政治活動の保障の有無の如何に係っていると言える。国民主権の原則に立脚し、民主主義を基幹的な政治原理とする憲法体制下においては、国民の政治活動の自由は「人間の尊厳」に淵源し、「国民主権に係わる基本的人権」として、憲法上重要な位置を占めている。日本国憲法も「集会、結社及び言論、出版その他一切の表現の自由は、これを保障する」（二一条一項）と規定して、この権利を憲法上の基本的人権として確認している。

ただこの権利は上記憲法の規定を俟つまでもなく、民主主義国家におけるそのもつ意味に由来して、憲法の根本原理である国民主権の原則および民主制原則から必然的に導かれる、国民としての「政治的基本権」ないし「民主的基本権」に他ならないと捉えられる（H・ドライエル編『基本法コンメンタール』二〇〇四年）。

この点、アメリカの憲法判例においても、一九四〇年代から一九六〇年代にかけて、民主政の過程に直接係わる政治的表現の自由＝政治活動の自由は、他の基本的人権よりもより厚い保障を受けるとする「優越的地位」の理論が判例上に確立し、この理論は広く学説の支持を得ているとされている。

なお国民の政治活動の自由は「個々の国民の対国家的な『権利』として重要であるという

にとどまらず、この権利の行使をとおして主権者たる国民全体の政治的水準をたかめ、もって民主主義体制そのものを健全強固ならしめるという『社会的機能』を営むもの」(芦部信喜『現代における言論・出版の自由』一九六八年)であるとの指摘は重要である。国民の政治活動の自由は民主主義国家の政治的基盤をなす、まさに「政治的基本権」ないし「民主的基本権」なのである。

4　教員の市民的自由としての政治活動の自由

もとより教員は職務外にあっては、つまり、プライベートな範域においては、国民ないし市民として、基本的に政治的権利や自由を保障されている。日本国憲法も国民の政治的な意思決定過程に参加する権利＝参政権については、「公務員を選定し、及びこれを罷免することは、国民固有の権利である」(一五条一項)と明記しているが、それ以外にも教員は、たとえば、政治的な思想・信条をもち(憲法一九条)、新聞紙上で自己の政治的な意見を表明し(同二一条一項)、政治的な集会に参加し(同前)、政党や労働組合に加入して政治・社会活動を行う(憲法二一条一項・憲法二八条)ことが憲法上の基本的人権として当然に保障されている。

ちなみに、この点について、世界教員憲章(一九五四年)は前文で「教師は完全な市民的権利と職業的権利とを自由に行使する資格をもっている」と謳い、またユネスコの「教員の地位に関する勧告」（一九六六年）も「教員の社会生活および公的生活への参加は、教員の個人的発達、教育活動および社会全体の利益のために奨励されなければならない」（七九項）、「教員は市民が一般に享受する一切の市民的権利を行使する自由をもち、かつ公職につく権利をもたなければならない」（八〇項）と宣明し、これを受けてより具体的に次のように述べているところである（八一項）。「公職につく要件として、教員が教育の職務をやめなければならないことになっている場合、教員は先任権と年金のために教職にその籍を保持し、公職の任期終了後には、前職ないしは、これと同等の職に復帰することが可能でなければならない」。

実際、この勧告を先取りする形で、ドイツにおいては基本法四八条二項＝「何人も議員としての職務を引き受け、かつこれを行使することを妨げられてはならない。このことを理由とする解約告知または免職は許されない」により、教員の連邦議会・州議会・自治体議会選挙への立候補・議員としての職務行使の自由が憲法上保障され、議員としての活動が終了した後、当該教員は再び公務員関係に復帰することができ、その場合、職位と基本給は従前のそれと同様の扱いとなっている。

なお、とかく教員政策上、教員に対する権利保障よりも、権利規制に傾斜しがちな文科省筋にあっても、さすがに教員の市民的権利としての政治活動の自由は、これを容認せざるをえず、「教員も一私人としては、思想の自由、表現の自由に基づく政治活動の自由が保障されるべきである」との見解を示している（文科省内・学校管理運営法令研究会『新学校管理読本』二〇一二年）。

5　教員の労働組合員としての政治活動の自由

労働組合の主たる目的は「労働条件の維持改善その他経済的地位の向上を図ること」（労働組合法二条）にあるが、同時にその目的を達成するために、労働組合には必要な政治活動や社会的な活動を行うことも認められている。政治と経済が密接に関係している今日においては、このことは当然であろう。

ちなみに、この点を確認して、最高裁の三井美唄労組事件に関する判決（一九六八年）も下記のように述べている。

「現実の政治・経済・社会機構のもとにおいて、労働者がその経済的地位の向上を図るに当たっては、単に対使用者との交渉においてのみこれを求めても、十分にはその目的を達成することができず、労働組合が右の目的をより十分に達成するための手段として、その目的達成に必要な政治活動や社会活動を行うことを妨げられるものではない」。

この判旨は労働組合全般を貫いて妥当すべきものであるから、教員の労働組合であり職能団体でもある教職員組合、つまり地方公務員法五二条一項が定める「職員がその勤務条件の維持改善を図ることを目的として組織」する、『職員団体』または『その連合体』にも当然に妥当すると解される。

こうして、教員は労働組合員として政治活動の自由を原則的に享有しているのであるが、しかしその現実の行使に当たっては、教育の政治的中立性要請、学校教育の目的や学校の任務、教員の教育主権上の義務、教職に内在する職務上の義務などとの関係で制約を受けることになる。

この問題は当該政治活動が行われる場所（学校の内外）、時間帯（勤務時間の内外）、当該政治活動の対象（同僚教員、生徒・親・一般市民の区別）、態様などを考慮して、各個のケースに即して個別・具体的にアプローチすることが求められるが、教員の労働組合員としての政治活動に関し、一般的には下記のような類型が存していると言える。

① 教員は学校の内外を問わず、勤務時間内に政治活動を行うことはできない。教員は公務員として、勤務時間中は職務専念義務を負っているからである（地方公務員法三五条）。

② 教員は同僚や上司との関係においては、生徒との関係におけるよりも、より広範かつ強度の政治的意見表明の自由を有している。こうして教員は職場で休憩時間、始業前や

放課後などに同僚教員に対して教職員組合のビラを配布したり、自らの政治的な見解を表明することは認められる。休憩時間は労働者の自由な利用に委ねられなくてはならないと法定されている〈休憩時間自由利用の原則・労働基準法三四条三項〉。

③　ただ教員が休憩時間、始業前や放課後などに、生徒に対して教職員組合のビラを配布したり、組合の主張や意見を一方的に述べることは許されない。この場合は、教育基本法一四条二項が禁止する党派的な政治活動に当たるからである。

④　教員が校内において勤務時間中、政治的主張の腕章やバッジを着用することは、教育の政治的中立性を損なう行為として認められない。ドイツの連邦労働裁判所（一九八二年）も判じているように、「教員が争いのある問題について、議論するのではなく、一方的な態度表明をすることは、教員のもつ権威に鑑み、生徒に対して大きな影響を与えることになるからである」。

⑤　教員が勤務時間外に教職員組合主催のデモや集会に参加したり、組合のビラを校外で配布することは原則として自由である。これらの行為は「集会の自由・表現の自由」（憲法二一条一項）の保護法益に当然に含まれているからである。

第3章　教育の政治的中立性と教員公務員に対する政治活動規制

1　公務員の政治活動に対する規制

既に言及したように、国民は憲法上の基本的人権として「政治活動の自由」を原則的に享有しているのであるが、しかし公務員は「全体の奉仕者」（憲法一五条二項）であり、一部の国民や特定の利益に奉仕することなく、中立的な立場で職務を遂行することが求められている。こうして、公務員ないし行政の政治的中立性・公共性を確保するためには、公務員の政治活動の自由について一定の制約を加えることが必要とされる。

そこで国家公務員法一〇二条は「政治的行為の制限」と題して、職員は、①選挙権の行使を除く外、人事院規則で定める政治的行為をしてはならない、②公選による公職の候補者となることができない、③政党その他の政治的団体の役員等になることができない、との定めを置いている。

そして、これを受けて人事院規則一四―七（政治的行為）が「禁止される政治的行為」を具体的に列挙しているのであるが、それは実に広範かつ多岐に亘っている。下記のような行為が禁止されており、しかも違反した職員には刑事罰が科せられるところとなっている（国家公務員法一一〇条一項一九号）。

すなわち、政治的目的のために職名・職権の影響力を利用したり、金品などの利益を提供すること、政党その他の政治的団体の結成に参与したり、これらの団体の役員等になること、またこれらの団体の構成員となるよう勧誘すること、政党その他の政治的団体の機関紙を編集・配布すること、選挙において投票するよう勧誘すること、政治的目的のために署名運動に参与すること、政治的目的をもって多数の人の示威運動を組織・指導すること、集会その他で公に政治的目的を有する意見を述べること、政治的目的をもつ文書を国の施設等に掲示したり、配布すること、政治的目的をもつ演劇を主催・援助すること、政治上の主義主張を表示する旗、腕章、記章、えり章、服飾等を制作・配布すること、またこれらを勤務時間中に着用すること、名義・形式を問わず、以上の禁止・制限を免れる行為をすること、等である。

果たして、このような国家公務員法および人事院規則による広範かつ強度の政治活動規制は憲法上許されるのか。既述した通り、憲法二一条一項が保障する国民の政治活動の自由＝政治的表現の自由は「人間の尊厳」に淵源し、「国民主権に係わる基本的人権」として憲法上重要な価値を有し、重要な位置を占めているのである。憲法二一条一項との関係はどうなるのか。また国家公務員法一〇二条は「禁止される政治的行為」の内容を人事院規則に包括的に委任し、違反者に刑事罰を科しているが、憲法が謳う民主的法治国家の原則および罪刑法定主義の原則（憲法三一条）との関係で、このようなことが憲法上許されるのか。これらの問題は次に取り上げる猿払事件に関する最高裁判決の批評において考察するので、ここではこれ以上立ち入らない。

２　公務員の政治活動規制に関する最高裁判決（猿払事件）――憲法違反の理論に依拠

(1)　判例の動向

かねてより憲法学説においては、国家公務員の政治的行為を一律かつ全面的に禁止し、しかも違反者に刑事罰を科している国家公務員法および人事院規則は違憲ではないかとの批判が見られてきているが、最高裁判所は一九五八年の判決で公務員の全体の奉仕者性と行政の政治的中立性の確保要請を根拠に合憲判断を下した。しかし行政の複雑・多様化に伴って公務員もまた多様化しており、このような公務員について一律に基本的人権を制限することには批判も多く、本件猿払事件の第一審判決（旭川地裁判決・一九六八年）は国家公務員の政治的行為を広範に禁止し、違反者に対して刑事罰を科している国家公務員法一〇二条は違憲であるとの判断を示し、その後の下級審判例に大きな影響を与えた。

このような判例の流れを大きく変えたのが本件最高裁判決である。この判決はその後全逓プラカード事件に関する最高裁判決（一九八〇年）でも踏襲され、こうして、今日においては、公務員の地位・身分を問わず、一般職国家公務員の政治的行為を広範に禁止し、違反者に刑事罰を科す立法も違憲ではないとする判例法が安定した状況にある。

(2)　事実の概要と判旨

事実の概要　北海道宗谷郡猿払村の郵便局に勤務する非管理職の郵政事務官が、一九六七年の衆議院議員選挙に際し、自身が事務局長を務めていた猿払地区労働組合協議会の決定に従い、日本社会党を支持する目的で、同党公認候補者の選挙用ポスターを自ら公営掲示場に掲示したほか、同ポスターの掲示を他者に依頼するため配布した。この行為が国家公務員法一〇二条一項、人事院規則一四―七の五項三項（特定の政党・政治団体を支持または反対すること）、六項一三号（政治目的を有する文書を掲示・配布すること）が禁止する政治的行為に当たるとして、起訴された。

第一審判決の旭川地裁は、①政治活動を行う国民の権利は民主主義社会において最も重要な基本的人権の一つであり、全体の奉仕者としての国家公務員についても、その権利の制約は必要最小限度のものでなければならないとしたうえで、②「法の定めている制裁方法よりも、より狭い範囲の制裁方法があり、これによっても等しく法目的を達成することができる場合には、法の定めている広い制裁方法は法目的達成の必要最小限度を超えたものとして違憲となる場合がある」とし、③非管理職の現業公務員で、その職務内容が機械的労務の提供に止まる者が、勤務時間外に、国の施設を利用することなく、かつ職務を利用することなく、労働組合活動の一環として行われたものに刑事罰を科している国家公務員法一一〇条一項一九号は、憲法二一条（表現の自由）および憲法三一条（法定手続の保障）に違反するとして、被告人を無罪とした。

控訴審判決（札幌高裁判決・一九六九年）も上記旭川地裁の判断を支持し、以後、同旨の下級審裁判例が有力となっていった。

判　旨　一九七四年一一月六日、最高裁大法廷は主要には下記のように判じて、控訴審判決および第一審判決を破棄し、被告人に罰金を科す判決を下した。なお、本判決には四人の裁判官の反対意見が付されている。

①「憲法二一条一項が保障する表現の自由は、民主主義国家の政治的基盤をなし、国民の基本的人権のうちでもとりわけ重要なものであり、法律によってもみだりに制限することが

できない」。

②　憲法一五条二項の規定から、公務が国民の全体に対する奉仕として運営されるべきことが理解される。なかでも行政分野の公務は、「憲法の定める統治組織の構造に照らし、議会制民主主義に基づく政治過程を経て決定された政策の忠実な遂行を期し、もっぱら国民全体に対する奉仕を旨とし、政治的偏向を排して運営されなければならないものと解され」、「行政の中立的運営が確保され、これに対する国民の信頼が維持されることは、憲法の要請にかなうものであり、公務員の政治的中立性が維持されることは、国民全体の重要な利益にほかならない」。したがって、「公務員の政治的中立性を損なうおそれのある公務員の政治的行為を禁止することは、それが合理的で必要やむをえない限度にとどまるものである限り、憲法の許容するところである」。

③「合理的で必要やむをえない限度にとどまるものか否かを判断するに当たっては、禁止の目的、この目的と禁止される政治的行為との関連性、政治的行為を禁止することにより得られる利益と禁止することにより失われる利益との均衡の三点から検討することが必要である」。

④「行政の中立的運営とこれに対する国民の信頼を確保するため、公務員の政治的中立性を損なうおそれのある政治的行為を禁止することは、まさしく憲法の要請に応え、公務員を

含む国民全体の共同利益を擁護するための措置にほかならないのであって、その目的は正当なものというべきである」。「公務員の政治的中立性を損なうおそれがあると認められる政治的行為を禁止することは、禁止目的との間に合理的な関連性があるものと認められるのであって、たとえその禁止が、公務員の職種・職務権限、勤務時間の内外、国の施設の利用の有無等を区別することなく、あるいは行政の中立的運営を直接、具体的に損なう行為のみに限定されていないとしても、右の合理的な関連性が失われるものではない」。公務員の政治的行為を「その行動のもたらす弊害の防止をねらいとして禁止するときは、同時にそれにより意見表明の自由が制約されることになるが、それは、単に行動の禁止に伴う限度での間接的、付随的な制約に過ぎ」ない。「他面、禁止により得られる利益は、公務員の政治的中立性を維持し、行政の中立的運営とこれに対する国民の信頼を確保するという国民全体の共同利益なのであるから、得られる利益は、失われる利益に比して、さらに重要なもの」である。人事院規則五項三号・六項一三号が禁止する政治的行為は、とくに「政治的偏向の強い行動類型に属するもの」であり、したがって合理的でやむをえない限度を超えるものとは認められず、憲法二一条に違反しない」（傍線・筆者）。

(3) 判決の問題点——憲法違反の理論に依拠

第一審判決および控訴審判決と同じく、本判決は憲法二一条一項が保障する表現の自由は「民主主義国家の政治的基盤をなし、国民の基本的人権のうちでもとりわけ重要なものであり、法律によってもみだりに制限することができない」という原則を冒頭で理念的に確認している。下級審判決は、これを受けて公務員の政治活動に対する規制は必要最小限度に止まらなければならないが、国家公務員法一〇二条一項および人事院規則一四―七はこの限度を超えており、表現の自由を侵害するとして違憲であると論結した。

一方、本判決は下級審の判断とは逆に、公務員の全体奉仕者性と行政の政治的中立性の確保を根拠に、公務員の政治活動に対する現行法制上の広範な規制を合憲としたのであるが、この最高裁の判断には下記のような欠陥があると批判されなくてはならない。

第一に、判旨は「君主制憲法下の公務員観をそのまま受けついだ論旨」だということを指摘しなくてはならない（芦部信喜『人権と憲法訴訟』一九九四年）。最高裁は特別権力関係という法概念を使用してはいないが、機能的には伝統的な特別権力関係論をほぼそのまま採用していると言える。先に書いたように、この理論は一九世紀後半、ドイツ立憲君主制下において、立憲国家・法治国家的な要請に対して、絶対主義的君主・行政部の命令権力を法治主義の範囲外に維持するために擬制された学説の産物であるが、この理論によれば、特別権力関係内部においては「法治主義の原則」は妥当しない。つまり、特別権力主体は特別権力の具体的な発動に際して、法律上の根拠がなくても、必要に応じて、行政内部規則により、特別権力服従者の権利を制限したり、義務を課すことができる。

判決は表現の自由の重要性を原則的には承認しながらも、それは一般権力関係に立つ国民についてであって、身分と職務の特殊性に基づいて「特別に強められた権力関係」に服している公務員については、表現の自由をはじめとする市民的自由は制限されても止むを得ない、との結論を導いている。

けれども、日本国憲法は国民主権を基盤に、徹底した人権尊重主義と法治主義の原理を採っており、絶対主義的・権力主義的色彩が濃厚で反民主的な特別権力関係論は、こうした憲法体制と原理的に相容れないと言わなければならない。判決は「憲法違反の理論」に依拠しているのであり、とうていこれを認めるわけにはいかない。

第二に、判決は、基本的には、全農林警職法事件に関する最高裁判決〈一九七三年〉を踏襲しているのであるが、この判決は「公務員の地位の特殊性と職務の公共性」を強調して、公務員の争議行為を、その主体・内容・態様・程度の如何に拘わらず全面・一律に禁止し、これを煽るすべての行為に刑事罰を科している国家公務員法一一〇条一項一七号は憲法に違反しないと判じたものである。

しかし、今日、行政の複雑・多様化に伴って、公務員を一律に捉えることは困難になっており、公務員の人権制限の正当化事由は諸般の事情を考慮して、個別・具体的に究明されるべきであろう。こうした観点からは、本判決の四裁判官の次のような反対意見が妥当だと評される。

「公務員に対し、その職務を離れて専ら一市民としての立場においてする政治活動についても、一定の制限を課すべき公共的な利益と必要が存すること」を認めつつ、公務員の地位・職務の内容・性質等の相違その他諸般の事情を考慮したうえで、具体的、個別的に「公務員の政治活動の自由」と「行政の政治的中立性」という「両法益の相互的比重を吟味検討し、真に行政の中立性保持の利益の前に公務員の政治活動の自由が退かなければならない場合、かつ、その限度においてのみこれを制限するとの態度がとられなければならない」。

第三に、合憲性の審査基準に関する最高裁の見解についてである。最高裁は、①行政の中立的運営とこれに対する国民の信頼の確保という規制目的は正当であり、②その目的のために公務員の政治的行為を禁止することは、規制目的との間に合理的な関連性があり、③公務員の政治活動を禁止することによって「得られる利益」は、国民全体の共同利益であるから、「失われる利益」に比してさらに重要であるとして、現行法制上の規制を合憲とした。

しかし、このような解釈に立てば、規制目的ないし規制根拠の正当性さえ是認されれば、ほとんど論証されなくても、あらゆる規制手段が合理的な関連性を有するということになってしまう。

この点、四裁判官の反対意見が憲法の基本原理である自由民主主義に立脚して、下記のように説いているのはまさしく正当であり、圧倒的な説得力をもつと言えよう。こう述べている。

公務員の政治活動に対する制限は「真に必要やむをえない最小限の範囲」という「厳格な基準ないし原理によって臨むのでなければ、国民の政治的自由は時の権力によって右の名目［国家的、社会的利益の侵害をもたらすという観念的な可能性ないし抽象的な危険性］の下に容易に抑圧され、憲法の基本原理である自由民主主義はそのよって立つ基礎を失うに至るおそれがある」。

すなわち、「規則六項一三号による文書の発行、配布、著作等は、政治活動の中でも最も基礎的かつ中核的な政治的意見の表明それ自体であり、これを意見表明の側面と行動の側面とに区別することはできず、その禁止は、政治的意見の表明それ自体に対する制約である」という立場から、これを少なくとも刑罰を伴う形で包括的、一般的に禁止するのは、「公務員に対し、実際上あまねく国の政策に関する批判や提言等の政治上の意見表明の機会を封ずるに近く、……公務員の政治的言論の自由に対する過度に広範な制限として、それ自体憲法に違反する」。

　第四に、上述のように、国家公務員法は人事院規則に広範な委任を行っており、これを受けて人事院規則は「禁止されるべき政治行為」について詳細に定めている。しかもその内容は、反対意見が指摘する通り、「政治活動の中でも最も基礎的かつ中核的な政治的意見の表明それ自体」を規制するものとなっており、くわえて、違反行為に対しては懲戒処分ないし刑罰が課せられるところとなっている。

　ここで重要なのは、憲法が謳う民主的法治主義原則との関係である。法治主義とは狭義には「国民の権利や自由領域に触れる事柄は法律で定めなければならない」ことを意味するが、上述のような政治活動規制の人事院規則への白紙委任に近いような包括的委任は、明らかに法治主義原則に背馳すると言えよう。

　また違反行為に対する制裁として懲戒処分の対象となるものと、犯罪として刑罰を科せられるものとを区別することなく、一律一体としてその内容についての定めを人事院規則に委任しているのも、憲法三一条（罪刑法定主義）に反し、違憲だと評さなくてはならない。反対意見が指摘しているように、「刑罰は、一般統治権に基づき、その統治権に服する者に対して一方的に行使される最も強力な権能」であるということが考慮されなければならず、こうして、犯罪の構成要件についてまで人事院規則に委任している現行法制は違憲ということになる。

3　教育公務員の政治活動と限界

(1)　教育公務員に対する政治活動規制法制

既述したように、教育基本法の政治教育条項は教育の政治的中立の確保を旨として、国公私立を問わず、学校における党派的政治教育および党派的政治活動を禁止している。旧教基法八条二項（一九四七年制定）を受けて、一九五四年に中立確保法が制定され、また同時に教育公務員特例法に二一条の三の規定が追加され――現一八条一項＝「公立学校の教育公務員の政治的行為の制限については、当分の間、……国家公務員の例による」――、こうして教育公務員は現行法制上、教育基本法一四条二項、中立確保法、国家公務員法一〇二条および人事院規則一四―七によって、その政治活動は広範に規制されるところとなっている。

(2)　中立確保法は違憲の疑い

中立確保法の制定目的は「教育基本法の精神に基き、義務教育諸学校における教育を党派的勢力の不当な影響又は支配から守り、もって義務教育の政治的中立を確保するとともに、……教育職員の自主性を擁護すること」（一条）にあるとされる。しかし、果たしてそうか。本法が多くの反対論を制して制定されたという事実からも窺えるように、本法には憲法および教育基本法との関係で、次のような重大な疑点があると言わなくてはならない。

第一に、本法は果たして教育基本法の精神に基いているものであるかという点である。教育基本法の精神は同法前文および一条（教育の目的）にいう「民主的で文化的な国家を更に発展させるとともに、世界の平和と人類の福祉の向上に貢献する」ために、「個人の尊厳を重んじ、真理と正義を希求し、公共の精神を尊び、豊かな人間性と創造性を備えた人間の育成を期す」ということにある。そのための前提条件として、教育基本法一四条二項は学校における党派的政治教育および党派的政治活動を禁止しているのである。

しかし、この要件を確保し保障するために、なぜ本法が必要なのか。むしろ本法は教育基本法の理念や精神に違背し、その実現を阻害しているのではないのか。教育基本法の理念や精神に沿った教育を行うためには、教員に「教育上の自由」が保障され、教員が自主・自律的に創意に満ちた教育活動が展開できるような制度づくりが必要であろう。けれども、本法は違反者に刑事罰を科す処罰立法であり、しかも犯罪の構成要件＝「特定の政党等を支持させ又はこれに反対させる教育」は概念的にきわめて曖昧かつ多義的で明確性を欠いている。これでは罪刑法定主義の要請（憲法三一条）にとうてい応えきれておらず、「教育職員の自主性を擁護する」との本法の立法目的とは裏腹に、教員を委縮させ、政治教育を沈滞化させることになろう。

ただここで銘記すべきは、本法は個々の教員の教育活動を直接の対象とするものではなく、その規律対象はいわゆる「偏向教育」を教職員組合等の組織的な活動を利用して、教員に教唆・せん動する行為だということである。義務教育学校の教員――高等学校で主権者教育を担当する教員は本法の対象とはならない――はこのことを当然認識しておく必要があろう。

第二に、本法は「義務教育の政治的中立を確保」するために、学校教育を「党派的勢力の不当な影響又は支配」から守る必要があるという。とすれば、不当な影響または支配であるかの基準はもっぱら教育の政治的中立性を害する危険が有るか否かによって決すべきであり、本来、その主体の如何は関係ない。教育の政治的中立を阻害する「党派的勢力」には政党その他の政治的団体はもとより、労働組合、法的根拠をもたない事実上の組合などの他、政府も当然に含まれよう。

ところが一方で、改正教育基本法は「教育は、不当な支配に服することなく、この法律及び他の法律の定めるところにより行われるべきもの」（一六条一項）と書いており、法律上に根拠をもつ権限行使であれば、禁止されている「不当な支配」には当たらないとの立場に立っている。つまり、何が不当な支配であるかの基準を「法律上の権限の有無」に求めている。こうして、現行法制上は、上記教育基本法の規定と中立確保法が相俟って、法律上の権限のない行為はすべて「不当な支配」として違法だということになる。

実際、中立確保法制定当時、政府はこの点に関して次のように説明している。「(本法にいう) 不当な支配とは、法律に根拠を有しない支配や圧力、つまり何ら法律に基礎を持たないで教育に干渉することである。……もし政府が法律に根拠なくして干渉することがあれば、一の不当な支配であり、また教職員団体等が法律の権限なくして学校に指令を出すことも不当な支配」に当たる (有倉遼吉・天城勲『教育関係法Ⅱ』一九五八年)。

しかし、このように「不当な支配」に該当するか否かの基準を「法律上の権限の有無」に求めるのは妥当ではない。具体例を引くと、たとえば、教職員組合は地方公務員法五二条三項にもとづく職員団体の事実上の連合組織にすぎないから、学校教育に関して、法律上の権限を有してはいない。この場合、「法律上の権限の有無」を基準とすれば、教職員組合の活動はことごとく権限のない行為として不当な支配に当たることになる。

その一方で法律上に根拠があれば、政府や教育行政機関の教育に対するいかなる介入や干渉も合法だということになり〈悪しき制定法至上主義〉、妥当ではない。いうところの「不当な支配」とは、主体の如何、権限の有無を問わず、教育の中立性を阻害するような教育に対する党派的な介入や干渉を指していると解さなくてならない。

第三に、比較法制的な観点から見て、自由民主主義国家においては、わが国におけるように、教育公務員の政治活動を一般公務員にプラスして加重的に規制する立法は見当たらないという法制現実が挙げられる（鵜飼信成『公務員法』一九八三年）。

たとえば、イギリスとフランスでは、一般公務員の場合と同様、教員の政治活動の制限を規定する法律が存しない。フランスの教育公務員は、公務員について判例上形成された政治的な「慎重義務」を守る限り、デモを含むあらゆる政治活動を行うことができるとされている。

またドイツにおいても、公立学校教員の政治活動を規制する特別立法は存在せず、教員は一般公務員と同様、公務員法上の義務（公務員身分法三三条二項）として政治的な「中庸・抑制義務」を負っているにすぎない（拙著『ドイツの学校法制と学校法学』二〇一九年）。

さらにアメリカにおいては公務員の政治活動を禁止し、違反に懲戒解雇を認めたハッチ法（一九三九年）が存在しており、そして同法の合憲性は連邦最高裁判所（一九七三年）によっても支持されている（松井茂記『アメリカ憲法入門』二〇一二年）。しかし公立学校教員については全米教育協会の提案により、同法の大幅な適用除外が認められており、そして、既述した通り、一九五二年の連邦最高裁判決以来、公立学校教員もまた合衆国修正第一条が保障する「言論・出版・集会の自由」〈政治的表現の自由〉を享有するとされるに至っている。

以上、要するに、本法は教育の政治的中立性の確保を名目として制定されたのであるが、そこにいう政治的中立の認定如何によっては、かえって政治的中立を侵す危険性が有り、教員を委縮させて教育を沈滞化させる可能性もあり、また罪刑法定主義に違反する疑いもあり、さらには比較法制的に見ても教育公務員に対する政治的権利の保障という面で著しく妥当性を欠き、こうして違憲の疑いのある立法であり、その運用にあたっては類推や拡大解釈を許さない厳格な解釈が憲法上求められていると言える。

4　教員の地位利用による選挙運動の禁止

公職選挙法（一九五〇年）は「教育者……は、学校の児童、生徒及び学生に対する教育上の地位を利用して選挙運動をすることができない」と規定し、違反者に対しては一年以下の禁錮を含む刑罰を科している。この規定は教員の地位・教職の特殊性（そのもつ影響力）に由来するもので、私学教員にも適用される。

この問題について、二〇〇一年の文科省通知「教職員等の選挙運動の禁止等について」は、上記公職選挙法の規定によって、「公務員がその地位を利用して選挙運動をすることは全面的に禁止」されていると捉えている。

しかし、問題はどのような選挙活動が法禁されている「教育上の地位の利用」に当たるかであろう。

ここで、教育公務員もまた市民として政治活動・選挙運動の自由を憲法上、市民的自由権として当然に享有している、ということを改めて確認しておかなくてはならない。ちなみに、この点、ユネスコの「教員の地位に関する勧告」（一九六六年）もこう謳っている（八〇項）。「教員は市民が一般に享受する一切の市民的権利を行使する自由をもち、かつ公職につく権利をもたなければならない」。

しかも、社会保険庁職員による「しんぶん赤旗」配布事件に関する最高裁判決（二〇一二年）も判じているように、「国民は、憲法上、表現の自由（二一条一項）としての政治活動の自由を保障されており、この精神的自由は立憲民主制の政治過程にとって不可欠の基本人権であって、民主主義社会を基礎づける重要な権利であることに鑑みると」、「公務員に対する政治的行為の禁止は、国民としての政治活動の自由に対する必要やむを得ない限度にその範囲が画されるべき」である、というのが憲法の要請するところである。

とすれば、上記公職選挙法の規定自体は合憲であろうが、しかし文科省通知がいうように教員の地位利用選挙運動は一括して「全面的に禁止」されていると見るのはあまりにも観念的・抽象的で一面的な把握だとの批判を受けることになろう。教員に対する選挙運動規制の可否やその範囲・強度は、教員が享有する選挙運動の自由という市民的自由権との緊張で、各個のケースに即して個別・具体的に検討することが求められ、しかもその規制は、上記最高裁判決にもあるように、「必要最小限度の合理的な範囲」に止まらなければならないからである。

このような観点から捉えると、大分城東中学校教員公選法違反事件に関する福岡高裁判決（一九七五年）は注目に値する。この事件は上記中学校の教諭が一九七一年の参議院選挙に際して、担任する生徒の父母二八名に日本共産党公認候補の選挙用葉書に「よろしく」と添え書きして郵送した行為は、上記公職選挙法の規定に違反するとして起訴されたものであるが、福岡高裁は下記のように判じて、被告人の行為を無罪と判定している。

「いかなる場合に教育者が教育上の地位に伴う影響力を利用して選挙運動をしたといい得るかについては、教育者の意思、教育者と相手方との関係、その行為の態様、相手方が教育者の選挙運動により影響力を受けるような状態にあったかどうか等個々の事例に即して具体的に判断しなければならない。ことに、教育者がその担任する生徒の父兄に働きかける場合は、……父兄に対しその生徒のことで何らかの利益又は不利益な影響力を及ぼし得る地位にあるのを幸いに、その影響力を利用して、選挙の公正と自由を阻害するおそれのある選挙運動をするものでなければならない」。

なお関連して、教育公務員の党派的政治活動について二点敷衍しておかなくてはならない。

一つは、教育公務員は公職選挙法によって「在職中、公職の候補者となることができない」とされているが、この一般的な立候補禁止規定は違憲の疑いが強いということである。確かに政策決定に関与する上級公務員や警察・税務など権力行政に与る公務員が現職のまま立候補するとなると、選挙人の選挙意思に不当な影響を与える虞れなしとしないが、一般公務員の場合は格別そのような弊害は考えられない。

とくに教員の場合はむしろ、上記ユネスコの「教員の地位に関する勧告」も謳っているように、「教員の社会的および公的生活への参加は、教員の個人的発達、教育事業および社会全体の利益のために奨励されなければならない」（七九項）筈である。

二つは、教育公務員は憲法上の市民的自由権の行使として、「政党その他の政治的団体の単なる構成員となること」はもとより可能である。教育公務員の地位・職務の特殊性を根拠に、政党に加入し活動することまで禁止することは違憲として、許されないということである。先に引いた最高裁判決も説いているように、「国民は、憲法上、……政治活動の自由を保障されており、この精神的自由は……民主主義社会を基礎づける重要な権利である」からであり、また政党は「議会制民主主義を支える不可欠の要素」であり、かつ「国民の政治意思を形成する最も有力な媒体」（最高裁判決・一九七〇年）でもあるからである。

ちなみに、以上について比較学校法学の観点から、これに関するドイツの現行法制を見ると、次のようである。

先ず教員の政党への加入についてであるが、教員は憲法上の基本権である「団結の自由」（基本法九条一項）ないし「政党結成の自由」（同二一条一項）に依拠して、原則として特定の政党に加入し、そこでの活動に参加する権利を有している。ただ教員は公務員として憲法忠誠義務を負っており、そこで基本法が謳う「自由で民主的な基本秩序」を破壊し、除去することを目的とする政党〈憲法に敵対的な政党〉については、通説・判例上、教員はこれを支持し、もしくはこれに加入し、そこにおいて活動することは許されないと解されている。

次に教員の議会選挙への立候補についてであるが、わが国の現行法制と大きく異なり、基本法は「何人も議員としての職務を引き受け、かつこれを行使することを妨げられてはならない。このことを理由とする解約告知または免職は許されない」（四八条二項）と規定している。この条項は教員にも当然適用され、こうして教員は連邦議会選挙などの議会選挙に立候補することができる。

教員が連邦議会議員に当選した場合、その任期中は原則として教員としての職務を遂行してはならない。公法上の勤務関係にもとづく教員としての権利および義務は、議員としての任期期間中、原則としてすべて停止される。

教員が州議会議員に当選した場合、当該教員は任期期間中、退職ないし休職扱いされるか、もしくは休暇の取得扱いとされる。ただ若干の州においては、議員に当選後も教員としての職務を引き続き遂行することが可能とされている。

連邦議会議員と州議会議員については、議員としての活動が終了した後、当該教員は再び公務員関係に復帰することができる。その場合、職位と基本給は従前のそれと同様の扱いとなっている。

市町村議会など自治体の議会議員に当選した場合、当該教員は教員としての職務を遂行するとともに、教員身分を保有したまま議会に所属し、議員活動を行なうことができるとされている（H.アベナリウス／F.ハンシュマン『学校法』二〇一九年）。

第4章　主権者教育政策の憲法・学校法学的評価

1　近年における主権者教育政策の動向

(1)　一八歳選挙権制度の導入

二〇〇七年五月に制定された「日本国憲法の改正手続に関する法律」は「日本国民で年齢満一八年以上の者は、国民投票の投票権を有する」と規定し、附則において「国は、この法律が施行されるまでの間に、年齢満一八年以上満二〇年未満の者が国政選挙に参加することができること等となるよう、選挙権を有する者の年齢を定める公職選挙法……その他の法令の規定について検討を加え、必要な法制上の措置を講ずるものとする」と書いた。

これを受けて、二〇一五年六月に公職選挙法（以下、「公選法」）が改正公布され、選挙権年齢が一八歳以上に引き下げられ、満一八歳に達した者は国政選挙・自治体選挙の投票権をもつに至った。

このように選挙権年齢が一八歳以上に引き下げられた理由ないし背景として、たとえば、自民党文部科学部会の「選挙権年齢の引き下げに伴う学校教育の混乱を防ぐための提言」

（二〇一五年七月・以下「自民党提言」）は、①将来の我が国を背負って立つ若い人々の政治への参加を促す必要があること、②諸外国では一八歳以上の選挙権年齢が多いことを挙げている。

(2)　主権者教育の理念・目的

・「私たちが拓く日本の未来――有権者として求められる力を身に付けるために」総務省・文部科学省ガイドライン

二〇一五年九月、総務省と文部科学省は共同で主権者教育においてすべての高校生に配布される副教材として、標記を作成した。この副教材は、二〇一五年六月に選挙権年齢が一八歳以上に引き下げられたのを機に、高校生が「有権者」としてどのような知識や判断力を習得すべきかについて、そのガイドラインを示したものである。副教材は、〈解説編〉、〈実践編〉、〈参考編〉の3編から構成されているが、中核をなしているのは〈解説編〉で、その第1章「有権者になるということ」において、次のように記されている。

「政治とは自分で判断することが基本ですので、課題を多面的・多角的に考え、自分なりの考えを作っていく力が必要です。……とりわけ、根拠をもって自分の考えを主張し説得する力を身に付けていくことが求められます。

　これらの政治に参加するため必要な力を育むためには、例えば、学校生活の改善・向上を生徒会の会員である全生徒が、自分たち自身の課題としてとらえ、考え、会員として参加するとともに、生徒を代表する役員などを通じて自発的、自治的に行われる生徒会活動も重要です。

　つまり、各教科の学習の中だけではなく、学校生活のあらゆる場面を通じて、また、学校だけではなく家庭や地域社会によって得られるものなのです。日常生活のあらゆる決定場面において、他人任せにするのではなく、自分の意思を示した上で、その決定に積極的に関わる機会を持つことが必要です。……

　是非、高等学校において、政治的教養を育み、その成果を生かして有権者として政治に参加してください」（傍点・筆者）。


　ここでは、①政治に参加するため必要な力を育むためには、たとえば、学校生活の改善・向上を自分たち自身の課題として捉え、その解決のために生徒会の会員として参加することが重要であるとして、「政治参加」と「生徒の学校参加」を関係づけていること、②その場合、自発的・自治的な生徒会活動に重要な役割が期待されること、③生徒の学校参加は学校生活のあらゆる場面において実現されるべきであると共に、青少年は家庭や地域社会など日常生活のあらゆる決定場面に積極的に係わる機会が保障されるべきだとして、学校、家庭、地域社会を問わず、「青少年の参加の強化と日常化」が、青少年の政治参加の促進には不可欠である、との基本的な認識が示されており、本書のテーマの観点からは格別に重要であり、特筆に値すると言えよう。

敷衍すると、ここでは、政治・社会参加〈民主主義〉についての知識を学ぶだけではなく、日常生活において様々な種類の参加〈民主主義〉を実際に経験することの重要性が強調されているのであり、松下圭一「日本の自治・分権」（一九九六年）にいう「参加の経験蓄積ないし試行錯誤が最大の市民教育」という命題が強く意識されているということである。

ちなみに、この点、一九四八年に刊行され、中学・高校の社会科教科書として使用された文部省著作教科書「民主主義」においても、次のように記されていたのであった。

「生徒は、学校の一員であると同時に地域社会の構成員でもあるから、自分の属する地域社会の問題について無関心ではありえないのであって、民主主義の共同生活を学校の内外において『実際にやってみて、本当の民主主義の精神を身に付けること』が重要であり、しかも『民主主義だけは、満二〇歳になるまでに、その精神を本当に身に付けておかなければならない』」。

新教科「公共」の創設

二〇一六年一二月、中央教育審議会は文部科学大臣に「幼稚園、小学校、中学校、高等学校及び特別支援学校の学習指導要領等の改善及び必要な方策等について」と題する答申を提出した。この答申は「よりよい学校教育を通じてよりよい社会を創る」という目標を学校と社会が共有し、新しい時代に求められる資質や能力を子どもたちに育む「社会に開かれた教育課程」の実現を目指して、上記学校種の学習指導要領の枠組みを改善するように促したもので、この答申を受けて、高等学校については二〇一八年三月に高等学校学習指導要領が公示され、二〇二二年四月から年次進行で段階的に適用されるところとなっている。

注目されるのは、今回の改訂によって公民科に「倫理」、「政治・経済」と並ぶ科目として「公共」が必修科目として新設されたことである。この新設科目は、学習指導要領によれば、「グローバル化する国際社会に主体的に生きる平和で民主的な国家及び社会の有為な形成者に必要な公民としての資質・能力を育成することを目標としている」される。

「公共」の内容

大項目として、「A　公共の扉」、「B　自立した主体としてよりよい社会の形成に参画する私たち」、「C　持続可能な社会づくりの主体となる私たち」の三領域によって構成されている。

「A　公共の扉」においては、社会に参画する自立した主体とは、地域社会などの様々な集団の一員として生き、他者との協働により当事者として国家・社会などの公共的な空間を作る存在であることを学ぶとともに、社会に参画する際の選択・判断するための手掛かりとなる概念や理論および公共的な空間における基本的原理を理解する。

その際、人間は個人として相互に尊重されるべき社会的存在であり、また倫理的主体として、個人や社会全体の幸福を重視する考え方や公正などの義務を重視する考え方を用いて、人間の尊厳と平等、個人の尊重、民主主義、法の支配、自由・権利と責任・義務など、公共的な空間における基本的原理について学習する。

つぎに「B　自立した主体としてよりよい社会の形成に参画する私たち」においては、下記の事柄や課題について、現実社会の諸課題に関わる主題を設定し、他者と協働しながら、主題を追究したり、解決したりする学習活動を行うとされている。

法や規範の意義と役割、多様な契約・消費者の権利と責任、司法参加の意義、政治参加と公正な世論の形成、地方自治、国家主権、わが国の安全保障、国際社会におけるわが国の役割、職業選択、雇用と労働問題、財政および租税の役割、少子高齢社会における社会保障の安定化、市場経済の機能と限界、金融の働き、経済のグローバル化。

そして「C　持続可能な社会づくりの主体となる私たち」においては、共に生きる社会を築くという観点から課題を見いだし、社会的な見方・考え方を総合的に働かせ、その課題の解決に向けて事実を基に協働して考察し、論拠を基に自分の考えを説明・論述する。これらを通して、現代の諸課題について多面的・多角的に考察したり、解決に向けて公正に判断する力、合意形成や社会参画を視野に入れながら議論する力、社会的事象を判断する力などを身に付けることを意図した、とされている。

(3)　主権者教育の理念・目的と学校現実の矛盾・乖離

以上、総務省・文部科学省の手になる高校生用主権者教育の副教材と、二〇二二年四月から年次進行で段階的に導入されている高校の新設科目「公共」について、その目標や基本的な内容について概観したのであるが、そこで謳われている主権者教育の理念・目的とその方向性は、憲法の価値原理と組織原理および教育基本法の政治教育条項の趣旨に照らし、基本的には概ね積極的な評価を受けることになろう。

問題は、そこで謳われている主権者教育の理念・目的と今日のわが国の学校現実、つまりはそれをもたらしている現行の学校法制（運用）との間には著しい矛盾や乖離があるということである。果たして、戦前法制（論）の残滓を色濃く残す現行の生徒法制下にあって、上記にいう主権者教育の理念・目的を実現することができるのか。

具体的には、生徒の法的地位や権利・義務に関する現行の生徒法制とその運用は、高校生の政治活動を学校の内外を問わず懲戒処分付きで全面・一律に禁止した、一九六九年一〇月の文部省見解「高等学校における政治的教養と政治的活動について」の流れを受けて、基本的には後述する自民党文科部会の「提言」とそれを踏まえた二〇一五年の文科省通知に依拠しているのであるが、この文部省通知には、憲法・学校法学上重大な欠陥があり、それが阻害要因となって、後に詳しく述べるように、主権者教育の理念・目的の実現を著しく困難にしてしまうということである。

(4)　自民党文科部会の「選挙権年齢の引き下げに伴う学校教育の混乱を防ぐための提言」

公選法の改正法が公布されてから程なく、自民党文科部会は標記のような政策提言を取りまとめ、今後における政府・与党の取り組みを促した。この政策提言は、二〇一六年七月に実施される参議院議員選挙から「高校三年生のクラスに有権者がいるというこれまでの高校教育では経験したことがない状況」が生じることによって、学校教育の現場が混乱することがないようにとの課題意識から纏められたものであるが、その内容は、〈1〉「政治参加等に関する初等中等教育の抜本的充実」、〈2〉「混乱を未然に防ぐための学校における政治的中立性の徹底的な確立」、〈3〉「大学、家庭、政治やマスコミなど社会全体での取組の充実」から成っている。

このうち〈1〉では、「子供達が国家・社会の形成者としての意識を高め、主権者として社会参画の意義についての深い理解の上に、その自覚を持って責任を果たすという意欲と態度を育むため、……政治だけでなく社会や経済の在り方など主権者として求められる知識の習得や自覚を高める教育を抜本的に充実させる」と述べ、具体的な方策として、①すべての高校生に対して政治参加等に関する副教材を配布すること、②自民党が提言した高校新科目「公共」の創設および小・中学校段階からの政治も含めた社会参加の教育を充実させるために、学習指導要領を抜本的に改定することを求めた。

また、〈2〉では、「学校に政治的イデオロギーが持ち込まれたり、学校が政治闘争の場になったりして混乱することを断固として避けるために」、①高校生の政治活動については、「政治参加等に関する教育の充実とは一線を画し、高校教育の目的を達成する観点から……高校生の政治活動は学校内外において生徒の本分を踏まえ基本的に抑制的であるべきとの指導を高校が行えるよう、政府として責任をもって見解を現場に示すべきで」あるとし、また②教員の指導や政治活動については、「政府としてその政治的中立性の確保を徹底」すべく、教育公務員の政治的行為の制限違反に罰則を科すための教育公務員特例法の改正を行い、偏向を防ぐための具体的手立てを確立する」よう求めている。

(5)　文部科学省通知「高等学校等における政治的教養の教育と高等学校等の生徒による政治活動について」

以上のような自民党文科部会の提言は以後の文科政策に大きな影響を与えることになるの

であるが、とくに生徒の政治活動に関する「提言」は、その三カ月後に発出された文部科学省通知「高等学校等における政治的教養の教育と高等学校等の生徒による政治活動について」（二〇一五年一〇月、以下、「文科省通知」）に概ね引き継がれることになる。こうして、生徒の法的地位や権利・義務に関する現行の生徒法制とその運用は基本的には「二〇一五年文科省通知」に依拠しているのであるが、この文科省通知とその内容を強く方向づけた「提言」は、憲法・学校法学の観点からは、下記のような重大な欠陥や問題があると批判されなくてはならない。

2　自民党文科部会の「提言」と文科省「通知」の主要な問題点

(1)　高校生の「政治活動」とは何か

そもそも「提言」および「文科省通知」にいう高校生の「政治的活動」とはどのような活動を指すのか。「文科省通知」で学校内において行うことが禁止され、また、たとえば、愛媛県におけるように学校への届出が義務づけられている校外での「政治的活動」とは、具体的にはどのような活動をいうのか。

これについて、「文科省通知」は「政治的活動」を次のように概念規定している。

「特定の政治上の主義若しくは施策又は特定の政党や政治的団体等を支持し、又はこれに反対することを目的として行われる行為であって、その効果が特定の政治上の主義等の実現又は特定の政党等の活動に対する援助、助長、促進又は圧迫、干渉になるような行為をすることをいい、選挙運動を除く」。

つまり、「文科省通知」にいう「政治的活動」とは「特定の政治主義的・党派的な政治活動」を指すのであって、「非政治主義的・非党派的な政治活動」はこれに含まれていない。とすれば、およそ特定の政治上の主義や党派性から自由な生徒の政治活動は、「文科省通知」が禁止する政治的活動には該当せず、したがって本来、学校内においても当然に容認されることになるはずである。

たとえば、奨学金制度や私学助成制度の拡充、高校授業料の減免、大学入試制度の改革、子どもの貧困対策、発展途上国の子どもや難民への支援、核兵器禁止条約の批准、環境保護・気候変動対策などを求めて、生徒が集会やデモに参加したり、校内・外においてビラの配布や署名・募金活動を行う等の活動がこれにあたる。

しかし「文科省通知」は「政治的活動」を上記のように狭義に解しておきながら、現実には学校における生徒の非党派的・非政治主義的な政治活動や広く社会的活動も含めて、一括してこれを全面・一律に禁止するところとなっている〈学校における生徒の政治的権利の全面的否認・学校と政治との隔絶・生徒の非政治化〉。あまりにも粗雑かつ恣意的で非論理的な把握であるとの誇りを受けることになろう。

それに果たして、特定の党派的活動と非党派的な活動、特定の政治主義的活動、さらには政治的活動と社会的活動、政治活動と非政治主義的活動と政治学習などは、概念上はともかく、現実に截然と区別することが可能なのか。

たとえば、生徒が学校において「現代社会研究会」と称するサークルを立ち上げ、憲法改正、沖縄の基地問題、福島の原発事故・原発政策、竹島・尖閣諸島・中国の海洋進出などの領土問題、中国・韓国をめぐる歴史認識や慰安婦問題、北朝鮮の核問題など今日のリアルな政治問題をテーマに研究を進め、その成果を学校内で発表・配布することは、禁止された政治活動に当たるのか。それとも教育基本法一四条一項にいう「良識ある公民として必要な政治的教養」の涵養に資する「生きた政治学習」として、むしろ「教育上尊重されなければならない」活動なのか。

いずれにしても、以下の検討に先立ち、①いうところの「高校生の政治活動」とは何かを一義的に明確にすることは現実にはきわめて難しい、②高校生の政治活動には、議会政治に制度的に参加するための選挙権の行使や選挙運動はもとより（満一八歳以上）、より広く憲法二一条一項が保障する「集会、結社及び言論、……その他一切の表現の自由」が包含されており、その具体的形態は現実にはきわめて広範かつ多岐に亘りうる、ということを確認しておく必要があろう。

なお敷衍して言及すると、今日、ドイツにおいては、生徒は学校外においては言うに及ばず、学校内にあっても各種の政治的権利を保障されているのであるが、たとえば、生徒が「デモの権利」（基本法八条一項）を行使しようとする場合、当該デモの目的・対象が社会的・政治的に重要な事柄、とくに奨学金の削減など生徒と直接関係する教育政策上のテーマである場合には、授業時間中であっても生徒のデモへの参加に違法性はなく、それどころかこの場合、一定の条件下で、生徒はデモに参加するために「授業を欠席する権利」を有すると解するのが学校法学の支配的な見解である（H.アベナリウス／H.P.フュッセル・同前書）。

(2)　国民の基本的人権としての政治・社会参加

「提言」はいわゆる主権者教育の必要性と重要性を強調しているが、しかしそれは「子供達が国家・社会の形成者としての意識を高め、……その自覚を持って責任を果たす」ことができるような主権者の育成を目的としている。国家・社会の形成者ないしは主権者の義務としての政治・社会参加という把握である。新教育基本法が、教育目標の一つとして、「公共の精神に基づき、主体的に社会の形成に参画し、その発展に寄与する態度を養うこと」（二条三項）と規定したのを受けてのことであろう。

ここで決定的に重要なのは、「提言」においては、国民の基本的人権としての政治・社会参加という認識が全面的に欠落しているということである。ドイツの連邦憲法裁判所の判旨（一九五七年）にもあるように、国民主権の原則に立脚し、民主主義を基幹的な政治原理とする憲法体制下においては、国や自治体の政治過程・政治決定に参加する権利は、国民のもっとも重要な基本的人権の一つに属している。この権利は「人間の尊厳」に淵源し、「国民主権に係わる権利」として、憲法が保障する権利の中にあって、もっとも重要な価値を有し、もっとも厚く保護されるべき権利の一つなのである。いうところの主権者教育の基軸には、このような基本的人権としての国民の政治・社会参加観こそが据えられるべきなのである。

(3)　政治的基本権の主体としての生徒

既述したように、日本国憲法の人権条項は「実定法秩序全体を指導する最高の価値」として、学校教育関係にも原則的に妥当し、こうして現行憲法下においては、生徒は学校外においてはもとより〈市民的権利・自由の主体としての生徒〉、学校内においても憲法が保障する基本的な諸権利・自由、ここでのテーマに引きつければ、表現の自由（憲法二一条一項）、集会の自由（同前）、デモの自由（同前）、結社の自由（同前）、言論の自由（同前）、出版の自由（同前）などの基本的人権＝政治的基本権の享有主体として存在している〈学校における生徒の基本的人権・政治的基本権主体性〉。そして生徒が享有するこれらの基本的人権は文部科学省・教育委員会の教育行政権や学校の教育運営権と緊張・相互規制関係に立ち、学校において生徒の法的地位を保障することになるのである。現行憲法下においては、生徒は文部科学省・教育委員会や学校の「憲法から自由な包括的規律権の下に置かれた無権利客体」ではないのである。学校における生徒の法的地位に関するこの根本原則を確認することが、憲法・学校法制上、決定的に重要である。

ところが、「提言」「文科省通知」は学校内における生徒の政治活動について、これを全面的かつ一律に抑制ないし禁止する必要があるとしている。学校内における生徒の政治的基本権の全面的かつ一律の否認・剝奪である。

しかし、このような「提言」「文科省通知」は生徒の政治的基本権を保障している憲法二一条一項とは相容れず、憲法違反であると評さなくてはならない。生徒が学校においても憲法上、各種の政治的基本権を有していることを基本的前提としたうえで、これらの権利行使の可能と限界を学校の教育責務の遂行確保、学校の秩序維持、他の生徒の権利の確保要請などとの関係で、各個のケースに即して具体的に究明するという手法をこそ採るべきなのである。

ましてや満一八歳以上の生徒にあっては憲法改正手続法と公職選挙法という「国法」によって、国民投票の投票権や国政選挙・自治体選挙の選挙権が保障され、また選挙運動を行うことも法認されているのである。「提言」・「文科省通知」はこのような法的地位にある生徒に対しても、学校内における政治的基本権の行使を全面的に禁止しているのであるが、すでに国法によって政治的基本権を保障され、その政治的資格ないし「政治的成熟度」を公証されるに至っている生徒に対して、このような規制を加えることができるのか。また行政内部規則にすぎない文科省通知は「国権の最高機関」（憲法四一条）である国会が制定した法律に優位するのか。

ここで考えてみよう。

先に触れた総務省・文科省の作成に係る主権者教育の副教材は「政治に参加するために必要な力を育むためには、生徒が学校生活の改善を自らの課題として捉え、学校生活のあらゆる場面を通じて、その決定に積極的に関わる機会を持つことが必要」であると説いている。「政治参加の前提としての生徒の学校参加」という認識である。

実際、ドイツにおいては、「学校における民主主義」の現実化と「生徒の自治・自律性」の育成・強化を旨として、「生徒の学校参加」が一九一八年以来、学校法制上の基幹的な組織原理の一つとして制度化され、今日に至っているという現実が見られている。とくに一九七〇年代に入って各州において「学校会議」が法制化されたことにより、生徒の学校教育運営への参加は格段と強化された。学校会議は学校における教員・生徒・親の同権的な責任機関で、これら三者の代表によって構成されており、現行法制上、校長、教員会議とならぶ学校の重要な管理運営機関・意思決定機関として設置されているという状況にある。

また先に言及したように、新教科「公共」は「よりよい学校教育を通じてよりよい社会を創る」ことを旨として、高校生が「自立した主体としてよりよい社会の形成に参画」するように、また「持続可能な社会づくりの主体」となるように、つまりは高校生をいわゆる「積極的市民」に向けて育成することを目的としている。この目的に異論を挟む余地はあるまい。

けれども、それには重要な前提がある。

高校生を積極的市民に向けて育成するためには、その不可欠の前提として、高校生に対して学校の内外を問わず、権利や自由を保障し責任を問うという仕組みを法制上も、運営上もセットしなくてはならないということである。権利や自由の保障なくして、どうして「自立した主体としてよりよい社会の形成に参画」するような、また「持続可能な社会づくりの主体」となるような人間の育成が可能なのか。学校教育関係は、その本質上、自由や権利の保障を必然的に要請する、基本的人権が格別に重要な意味をもつ生活領域だということが重要である。

加えて、「提言」にあっては、高校生の校内における政治活動だけではなく、校外におけるそれについても「基本的に抑制的であるべき」だとの見解を採っている。しかし高校生が校外において政治集会やデモに参加するなどの政治活動を行うことは、本来、高校生が市民として憲法上保障されている基本的人権＝市民的自由に属しており、このようなプライベートな範域に学校が権利規制的に介入することは憲法上、原則的に許されない。ましてや一八歳以上の高校生にあっては、改正公選法により、選挙運動を行うことも法認されているという法的地位にある。このような法的地位にある高校生の校外政治活動まで違法視し、規制しようとする「提言」は、基本的人権の尊重を基本原則とする日本国憲法とは相容れず、警察国家的な憲法違反の政策提言として厳しい批判を受けることになろう。

(4)　民主的法治国家原理と文科省見解——文科省「通知」による生徒の人権規制の可否

上述したところから知られるように、これまで文科省は高校生の政治的活動に関する見解を「通達」ないし「通知」という法形式で発出し、これによって高校生の政治活動を禁止または制限、つまりは高校生の「集会・結社・言論・表現の自由」（憲法二一条一項）などの憲法上の基本的人権＝政治的基本権を規制し剝奪してきている。しかし、そもそも、文科省という一行政機関が、しかも通達・通知という行政内規によって、このような人権規制をすることができるのか〈行政内部規範である通達・通知による生徒の人権規制〉。基本的人権の尊重を旨とし、民主的法治国家を標榜する日本国憲法の基本原理との関係はどうなるのか。

ちなみに、いうところの「通達」とは、行政法学の支配的見解が説くところによれば（原田尚彦『行政法要論』二〇一二年)、「上級の行政機関がその監督権の一環として下級機関の権限行使を指図するために発する命令」である。「上級行政機関と下級行政機関の間で効力をもつ行政組織の内部的規範であり、行政組織の外部にいる国民に対しては直接法的効果を及ぼすものではない」。通達は「行政主体と国民との間の権利義務について規律する『法規』ではなく、行政組織内部での規範(いわゆる『行政規則』)たる性質をもつにすぎない」のである。

憲法二一条一項が保障する「表現の自由」は個人の人格の形成・発達にとって、つまりは生徒の「人格の完成を目指(す)」(教育基本法一条)学校においては、格別に重要な生徒の基本的人権である。またこの自由は生徒が(将来・一八歳未満)主権主体として自ら政治に参加するために不可欠の前提をなす基礎的かつ基幹的な政治的権利でもある。そこで、憲法学の支配的見解によれば、表現の自由は人権体系の中でも「優越的地位」を占め、したがって、この自由を制限する法令等の合憲性は、厳格な基準によって判定されなければならない、とされるところとなっている。

こうして、このような法的特質をもつ高校生の「政治的表現の自由」ないし政治的基本権を一律に規制し剝奪することは、まさに教育主権上の「基本的ないし本質的な決定」に属する事柄と見られる。だとすれば、これについては当然に「法治主義の原則」が妥当しなくてはならない。

高校生の「政治的表現の自由」ないし政治的基本権に対する法的規制は「法律」によることが憲法の要請するところであり、文科省通知によるそれは法治主義原理に違背し憲法上認められない、と解すべきこととなる。敷衍すると、高校生に対する政治的権利の保障の有無やその内容・強度の如何は、「行政内部関係としての学校関係における事柄」として、「文部科学省という一行政機関の任意な処分に委ねられた事柄」ではないということである。

上記のような文科省見解には先に厳しく批判した公法上の学校特別権力関係論的思考がなお根強く残存していると言える。いわゆる公法上の特別権力関係論は、一九世紀後半のドイツにおいて、立憲国家・法治国家的な要請に対して、絶対主義的君主・行政部の命令権力を法治主義の範囲外に維持するために擬制された学説の産物である、ということを、ここで改めて想起する必要があろう。

併せて、明治憲法下における基本的人権は「法律ノ範囲内ニ於ケル臣民ノ権利」（第二章）でしかなかったのであるが、このような憲法体制下においてさえ学生・生徒の政治活動に対する規制は治安警察法という「法律」に依っていたということを、改めて指摘しておかなくてはならない。

(5) 学校の教育目的と高校生の政治活動

「提言」は、高校生の政治活動について、「高校教育の目的を達成する観点から、……高校生の政治活動は学校内外において……基本的に抑制的であるべき」だとの見解を採っている。また「文科省通知」も「学校は学校教育法や学習指導要領が定める教育目的・教育目標に向かって生徒を教育する施設であるから……生徒の政治活動は制約を受けることになる」と述べている。

果たして、そうなのか。

ここで重要なのは、そもそも学校の役割や存在意義は何処にあるのか、学校教育の目的は何かということである。それは、既述した通り、自由で民主的な社会的法治国家においては、直截に言えば、生徒を「自律的で成熟した責任ある市民」・「自由で民主的な主権主体・能動的な政治主体」＝パブリック・シティズン（public citizen）へと育成することにある、と言えよう。

そのためには、むしろ「提言」や「文科省通知」とは裏腹に、「高校教育の目的を達成する観点から」は高校生に対して政治的権利、とくに「政治的表現の自由」・「政治的意見表明の自由」を保障することが求められていると言える。既に書いたように、「表現の自由」（憲法二一条一項）は個人の人格の形成・発達にとって、つまりは生徒の「人格の完成を目指

(す)」(教育基本法一条) 学校においては、格別に重要な生徒の基本的人権に属しており、また この自由は生徒が主権主体ないし能動的な政治主体として、自ら政治に参加するために不可欠の前提をなす基礎的かつ基幹的な政治的権利でもあるからである。

ちなみに、この点について、東京都千代田区立麹町中学校内申書事件に関する東京地裁判決（一九七九年）も下記のように判じている。

「教育の目的が生徒の人格の完成をめざし（教基法一条）、思想、信条により差別されるべきではない（同三条）とされていることに鑑みれば、公立中学校においても、生徒の思想、信条の自由は最大限に保障されるべきであ(る)」、「また、生徒の言論、表現の自由もしくはこれにかかる行為も、教育の目的にかんがみ最大限に尊重されるべきである」。

参考までに、ドイツにおいても、学校における生徒に対する「意見表明の自由」保障は学校の役割や学校教育の目的から必然的に要請される、と捉えられており、たとえば、文部大臣会議の決議「学校における生徒の地位」（一九七三年）は、大要、以下のように述べている。

「学校は生徒の自由な意見表明を奨励しなければならない。なぜなら、自由な意見表明は知識の獲得とその活用および責任ある市民への教育のために不可欠であるからである。

同様に、生徒の自由な意見表明は生徒の人格の発達、とくに創造力の発達に不可欠である。自由と民主主義への教育、責任ある市民への教育、寛容への教育は、生徒が自己の意見を自由かつ批判的に、しかし同時に他者の尊厳や信念を尊重しながら表明することを学ばなければ不可能である」。

くわえて、教育基本法一四条一項は「良識ある公民として必要な政治的教養は、教育上尊重されなければならない」と書いている。そして権威ある教育基本法のコンメンタールによれば（有倉遼吉・天城勲『教育関係法Ⅱ』一九五八年）、ここにいう「良識ある公民」とは「公民権の有無にかかわらず政治が自己の生活と密接不可分の関係をもっていることの認識の上にたって、自己の意思と判断とにより、……自己の政治的見解を明示的または黙示的に表現しうる能力を有し、これによって、正しい政治上の世論の造成と喚起とに貢献しうる能力を有する国民」をいうと解されている。このような「政治上の能動的地位にある国民」の育成を期すには、生徒に対する「政治的表現の自由」・「政治的意見表明の自由」保障は、その不可欠の基礎的条件をなしていると言わなくてはならない。

この点、二〇一五年文科省通知にあっても「今後は、高等学校等の生徒が、国家・社会の形成に主体的に参画していくことがより一層期待される」とされているのである。

(6)　学校の包括的規律権と生徒の基本的人権——学校特別権力関係論の残滓

「文科省通知」は生徒の政治活動に対する規制の主要な根拠を、学校は学校教育法や学習指導要領が定める教育目的・教育目標に向かって生徒を教育する施設であり、校長は学校の設置目的を達成するために、生徒に対して包括的規律権を有しているから、生徒の政治活動は制約を受けることになると述べている。この限りにおいては、おそらく異論はあるまい。

問題なのは、「文科省通知」が学校（校長）の生徒に対する包括的規律権から、学校における生徒の政治活動の全面・一律禁止を導いていることである。

既に書いたように、生徒は学校においても憲法上「政治的表現の自由」を享有しており、そして生徒が享有するこの基本的自由は文部科学省・教育委員会の教育行政権や学校の教育運営権と緊張・相互規制関係に立っている。だとすれば、生徒が学校においても「政治的表現の自由」を有していることを前提としたうえで、校長がその有する生徒に対する包括的規律権によって、生徒のどのような政治活動を、どの程度まで規制できるかを、学校の教育責務遂行への支障の有無、学校秩序や他の生徒の権利の確保要請などを勘案して、各個のケースに即して具体的に明らかにすることが求められている、と言わなくてはならない。繰り返すが、現行憲法下においては、生徒はもはや文部科学省・教育委員会や学校の「憲法から自由な包括的規律権の下に置かれた無権利客体」ではないのであり、生徒の基本的人権は「文部科学省・教育委員会や校長の任意の処分に委ねられた事柄」ではないのである。

それに上記にいう校長の包括的規律権とは、前もっていちいち個別・具体的に列記することができない「一般条項的な権限」という意味であり、先に厳しく批判した学校特別権力関係論における校長の生徒に対する「権力的な包括的支配権」とは大きく異なるということを改めて確認する必要がある。「文科省通知」はこの点に関しても、その思考において、なお依然として反民主主義的・反法治主義的な旧来の学校特別権力関係論に依拠している、と言っても過言ではない。

以上を踏まえたうえで、学校における高校生の政治活動に引きつけて言えば、たとえば、一九七七年の東京都立高校生退学処分事件に関する東京高裁の事実認定にあるような、学校封鎖、校庭における携帯マイクを使ってのアジ演説、授業妨害、校長室への乱入・占拠、卒業式阻止行動などは、「学校の教育目的に沿った生徒の行動義務」に違反し、学校の秩序を乱し教育責務の遂行を妨げる行為として、学校がこれを規制できることは疑いを容れない。

しかし、たとえば、校内において行われる生徒集会、討論会、署名・募金活動、ビラの配布などは、たとえそれが政治的色彩を帯びているものであっても、憲法の価値原理を踏まえ、一面的な党派的宣伝活動ではなく、しかも平穏かつ平和裡に行われる限り、学校の秩序を乱し学校の教育責務の遂行に支障を及ぼす行為とは見られず、学校は原則としてこれらの政治活動を禁止することはできないと解すべきであろう。憲法二一条一項は「集会、結社及び言論、……その他一切の表現の自由」を保障しており、これらの行為は当然にこの条項の保護法益に属しているからである。学校が規制できるのはあくまで憲法の価値原理に違背し、学校の秩序を乱し、学校の教育責務の遂行を妨げ、他の生徒の権利を現実に侵害するような生徒の政治活動だけである。

また生徒が、たとえば、「現代社会研究会」のようなサークルを組織し、その研究成果を学校内で発表したり配布することは、広義の政治活動に当たるが、同時にそれは「生きた政治学習」の機会でもあり、学校はこれを禁止できないと言える。それどころか、生徒のこのような活動は「良識ある公民として必要な政治的教養」の涵養に資するものとして、教育基本法一四条一項の要請するところにより、むしろ「教育上尊重されなければならない」とさえ言えよう。

こうして、一九四九年の文部事務次官通達は学校において生徒が「宗教団体を組織する自由」を容認し、「学校はこの種の団体の活動に対しては、校内の他の生徒団体に与えられているると同様に、学校施設利用の便宜を与えなければならない」と述べているが、上記のような生徒サークルにも同じことが妥当しよう。

(7)　学校の政治的中立性と生徒の政治活動

教育基本法一四条二項は「法律に定める学校は、特定の政党を支持し、またはこれに反対するための政治教育その他政治的活動をしてはならない」と定めている。この条文の趣旨が学校の政治的中立性を確保することにあることは疑いを容れない。

「文科省通知」によれば、生徒が学校において政治活動を行うことは上記条項に抵触し認められない。学校は政治的中立性を確保しなければならないから、生徒の政治活動を禁止する義務を負っており、これを黙認することは教育基本法一四条二項に違反するとされる。

しかし、教育基本法一四条二項を素直に読めば、この条項を生徒の政治活動禁止の根拠規定と解することはできないと言わなくてはならない。上記条項は「政治教育」と銘打って「学校は、……政治教育その他政治活動をしてはならない」と書いており、政治教育を政治活動の主要な例と見ているのであり、その主体としては教員を予定しているのであって、生徒はこれに含まれないと解すべきだからである。この条項は文字どおり「学校の教育活動が特定政党の支持反対にむすびつくような党派的政治活動と化してはならないという条理を確認したもの」であって（兼子仁・堀尾輝久『教育と人権』一九七七年）、教育法原理的には生徒の「政治的に中立な学校教育をうける権利」（憲法二六条一項）に対応しているものである。

実際、一九四九年に出された文部省通達「教育基本法第八条の解釈について」も、この点について、次のように述べていたのであった。

「（旧教育基本法第八条・筆者）第二項の趣旨は、学校の政治的中立性を確保するところにあります。もとより、ここに規定されているのは教育活動の主体としての学校の活動についてであります（す）……教員が学校教育活動として、または学校を代表してなす等の行為は、学校の活動と考えられるのであります」。

また一九四七年に刊行された文部省内・教育法令研究会「教育基本法の解説」も「本条（旧教育基本法八条・筆者）は学生生徒の政治運動については直接関係していない」と書いたうえで、学生生徒の「思想の自由」「政見を研究する自由」の尊重とそれを運動に移す自由＝政治活動の自由を肯認した、衆議院教育基本法案委員会における高橋文部大臣の答弁に言及しているのである。

(8)　学校における生徒の「宗教活動の自由」保障との整合性

憲法二〇条三項は政教分離原則の一環として「国及びその機関は、宗教教育その他いかなる宗教的活動もしてはならない」と規定し、これを受けて教育基本法一五条二項は「国及び地方公共団体が設置する学校は、……宗教教育その他宗教的活動をしてはならない」と書いて、「国・公立学校の宗教的中立性」の原理を確立している。

先に言及したように、「提言」および「文科省通知」によれば、生徒が学校において政治活動を行なうことは、教科・科目の授業はいうまでもなく、クラブ活動、生徒会活動等の教科以外の教育活動にあっても、「学校の政治的中立性」を定めた教育基本法一四条二項＝「学校は……政治教育その他政治的活動をしてはならない」に抵触し認められないとされている。だとすれば、生徒が国・公立学校において宗教活動を行うことは「国・公立学校の宗教的中立性」を規定している上記教育基本法一五条二項に違反し、政治活動の場合と同じく認められない、との法的帰結が導かれる筈である。

しかし、一九四九年に出された文部事務次官通達「社会科その他初等および中等教育における宗教の取扱について」は、下記のように述べて、生徒は学校において「宗教団体を組織する自由」を有しており、そこで学校は生徒の宗教団体の活動に対しては、校内の他の生徒団体と同じように学校施設利用の便宜を図らなければならず、併せて教員がそうした宗教団体の顧問となっても差し支えないとの見解を示しているのである。

「3、国立または公立の学校の児童生徒の自発的宗教活動について

（イ）略

（ロ）中等学校生徒は、正規の授業時間以外の活動として自発的な宗教団体を組織することができる。

（ハ）学校はこの種の団体の活動に対しては、校内の他の生徒団体に与えられていると同様に、学校施設利用の便宜を与えなければならない。……

（ニ）生徒の宗教的団体は、教師を個人の資格において、顧問または会員として、その活動に参加することを請うてもよい」。

このように「学校の政治的中立性」条項（教育基本法一四条二項）と「学校の宗教的中立性」条項（教育基本法一五条二項）に関する文科省見解は際立った違いを見せているのであるが、果たして、両者の間の法的整合性はどうなるのか。上記文部事務次官通達は今日においてもなお依然として法的効力を有していると解されているのである。

既に確認した通り、現行法制下においては、生徒は学校内にあっても基本的人権の主体として存在しており、したがって、「信教の自由」（憲法二〇条一項）も当然に享有している。そしてこの生徒の「信教の自由」は、「内心における信仰の自由」、「宗教的行為の自由」および「宗教的結社の自由」をその内容として包含している。

こうして生徒は、第一次的かつ直接には、そのもつ「信教の自由」に依拠して、同時に「集会・結社の自由」（憲法二一条一項）にも補強されて、学校においても原則として宗教グループを組織して活動することができると解されるのであり、上記文部事務次官通達はこの理を確認したものと見るのが妥当であろう。教育基本法の「学校の政治的中立性」条項と「学校の宗教的中立性」条項が禁止しているのは、いずれの条文も「学校は……してはならない」と書いているところから知られるように、教育活動の主体としての学校（教員）による「政治教育その他政治的活動」ないし「宗教教育その他宗教的活動」であって、生徒によるそれではないことは判然としていよう。

(9) 校則による生徒の政治活動規制

校則と生徒の政治活動

いわゆる「大学闘争」の影響が高等学校に波及するのを阻止するることを目的として出された、一九六九年一〇月の文部省見解「高等学校における政治的教養と政治的活動について」は、高校生の政治活動を学校内においてはもとより、学校外においても禁止し、学校に対してもこれを禁止する義務を課し、にも拘らず生徒が政治活動をした場合には、学校は懲戒処分をもって適正に対処すべきであるとした。

この文部省見解を受けて、全国の多くの高校が生徒の政治活動の禁止を校則で明記し、こうした状況下でこれに違反した生徒が懲戒退学処分を受け、その取消しを求めて提訴するという「校則裁判」が起きることになる。一九七〇年に発生した私立駒場東邦高校生退学処分事件や一九七三年の東京都立高校生退学処分事件などが、その例である。

その後、文部科学省は二〇一五年の通知で、高校生の政治活動を校内と校外におけるそれに区別し、校外における生徒の政治活動は原則としてこれを容認するとの方針に転じたのであるが、しかし二〇一六年一月に示した「高等学校等における政治的教養の教育と高等学校等の生徒による政治的活動等についてQ＆A」において、校外の政治活動に参加する生徒に対して学校が届出制を敷くことは差し支えないとの見解を示した。

これを受けて、愛媛県教育員会は二〇一五年一二月、「政治的活動等に対する生徒指導に関する校則等の見直しについて」と題する文書を配布し、そこにおいて校則の変更例を示し、学校への届出を要する事項として、従来の「海外旅行」、「地域行事への参加、キャンプ・登山等」などに加えて、「選挙運動や政治的活動への参加」を規定し、これについては「一週間前に保護者の許可を得てホームルーム担任に届け出る」、「一八歳未満である場合には許可されない」、さらに「校内での選挙運動や政治的活動については原則禁止」とした規定例を提示したのであった。

そしてその後、この規定例を「参考」に、すべての愛媛県立高校が二〇一六年四月から校則を改訂し、生徒が校外において政治活動を行なう場合には、事前に学校へ届け出なければならないとされたのであった。校則による生徒の校内政治活動の禁止および校外政治活動の禁止（一八歳未満）ないし学校への届出義務化である。

■校則の法的性質に関する最高裁判決――政治活動規制校則の違憲性

校則の法的性質に関しては、学説は諸説が混在しているが、これについて「丸刈り・制服校則」に関する最高裁判決〈一九九六年〉が、以下のような判断を示していることは重要であり、注目に値する。

すなわち、「頭髪の丸刈りや学校外での制服着用を定めた校則は憲法に違反する」として、兵庫県小野市内の小学校六年生の男子児童が、進学予定の市立中学校の校則の無効確認を求めた行政訴訟で、最高裁は、当該中学に入学していない原告には当事者適格がないとして児童の上告を却下したが、校則の法的性質について、こう判じているのである。「生徒の守るべき一般的な心得を示すにとどまり、個々の生徒に対する具体的な権利義務を形成するなどの法的効果を生ずるものではない」。

最高裁が判じているように、いうところの校則は「個々の生徒に対する具体的な権利義務を形成するなどの法的効果」をもつものではないとすれば、学校は校則によって、学校の内外を問わず、生徒の政治活動＝〈「政治的表現の自由」という基本的人権・政治的基本権〉を剥奪ないし制限してはならない、ということが帰結される。

こうした見解に立てば、学校における生徒の政治活動を全面的に禁止し、また校外でのそれについて届出制を敷いている現行の校則は、生徒の憲法上の基本的人権を侵害し、違憲だということになる。最高裁は校則を法的拘束力をもたない生徒に対する指導基準＝生活指導的校則と解しているということであり、この見解は有力な行政法学説が採るところでもある（兼子仁「行政法学」・一九九七年）。

■「**学校の法治主義化**」**要請との関係――法律事項としての生徒の政治活動規制**

学校への法治主義原理の適用要請により、①日本国憲法が謳う民主的法治国家の原則は学校にも当然に推し及ぼされなくてはならないこと、②学校の教育権能の範囲と限界ならびに学校における生徒の法的地位を可能なかぎり法令上明確化することが求められること、③学校関係における「基本的ないし本質的な事項」は、教育主権上の決定として、国民代表議会が定める法律によって確定されなくてはならないこと、④学校教育のように基本的人権が格別に重要な意味をもつ領域にあっては、「基本的ないし本質的」とは基本的人権の実現にとって基本的ないし本質的という意味であること、については既に言及した。

このような「学校の法治主義化」＝法治国家原理・民主制原理の学校への適用要請を踏まえると、学校内規としての校則による規律は、強制力と制裁措置を伴う法規範としては、第一義的には、学校の秩序維持や施設・設備の利用に係わる事柄に限定されなければならないことになる。

敷衍すると、学校における生徒の権利・義務に関する規律、したがってまた、生徒の政治活動に対する規制は原則として学校教育法などの「法律」によらなければならず、学校内規である校則によってこれを規制することは許されないということである。

先に「民主的法治国家原理と文科省見解――文科省通知による生徒の人権規制の可否」と題して、つぎのように書いた（一五六頁）。

「憲法二一条一項が保障する『表現の自由』は個人の人格の形成・発達にとって、つまりは生徒の『人格の完成を目指（す）』（教育基本法一条）学校においては、格別に重要な生徒の基本的人権である。またこの自由は生徒が（将来・一八歳未満）主権主体として自ら政治に参加するために不可欠の前提をなす基礎的かつ基幹的な政治的権利でもある」。

「このような法的特質をもつ高校生の政治的表現の自由ないし政治的基本権を一律に規制し剝奪することは、……教育主権上の『基本的ないし本質的な決定』に属する事柄であり、……これについては当然に『法治主義の原則』が妥当しなくてはならない」。

「高校生の政治的表現の自由ないし政治的基本権に対する法的規制は『法律』によることが憲法の要請するところであり、文科省通知によるそれは法治主義原理に違背し憲法上認められない、と解すべきこととなる。敷衍すると、高校生に対する政治的権利の保障の有無やその内容・強度の如何は、『行政内部関係としての学校関係における事柄』として、『文部科学省という一行政機関の任意な処分に委ねられた事柄』ではないということである」。

この記述は、「文部科学省」を「学校（校長）」に、「文科省通知」を「校則」にそれぞれ置き換えると、ここでもそのまま妥当しよう。

実際、民主的法治国家を標榜するドイツにおいては、学校関係における生徒の権利・義務に関する事項、したがってまた生徒の政治的権利とこれに対する規制に関しては、多くの州でその基本は「学校法律」で規定されている。いうところの校則は学校の秩序維持ないし施設利用規程として位置づけられており、したがって、その内容は校舎内や校庭における清潔の保持や監督、廊下や階段の行き来、部外者の校内立ち入りなどに限られているところである。

■生徒の政治活動規制と各学校判断

既述したように、二〇一六年一月に文科省が示した「高等学校等における政治的教養の教育と高等学校等の生徒による政治的活動等についてQ&A」は、校外の政治活動に参加する生徒に対して、学校はその判断で届出制を敷くことが可能であるとの見解を示している。

そして、これを受けて実施された朝日新聞社の調査（二〇一六年二月）では、生徒の校外政治活動について届出制を敷くかどうか、「判断は各校に任せる」と回答した都道府県は、「届け出は不要」と答えた自治体の四、五倍にも達している。

校則によって学校内外における生徒の政治活動に対して規制を加えるということは――届出制も規制権の一形態――、各学校の判断で生徒の政治活動を規制するということに他ならない。

改めて書くまでもなく、校則の内容は学校により、学校の種類により、また学校の所在地域により、さらには公立・私立によって各様である。こうして、校則によって生徒の政治活動を規制するということは、規制内容や規制の強度に関し、学校やその所在地域などによって大きな差異が生じうるということとなるが〈校長の「教育的」裁量に委ねられた生徒の基本的人権規制〉、普遍的な基本的人権の保障のあり方として、果たして、このようなことが憲法上許されるのか。

繰り返して書くが、高校生が憲法上有している「政治的表現の自由」は本来、高校生にとって格別に重要な基本的人権なのであり、これに対する法的規律は少なくともその基本に関しては、国会が制定する「法律」によることが民主的法治国家原理に立脚する憲法の要請するところであり〈高校生の政治的権利の基本に関する国法による一律的な規律〉、学校内規にすぎない校則によるそれは憲法上、認められないと言わなくてはならない。またそれは憲法一四条一項が定める「平等原則」からの要請でもある。

高校生に対する政治的権利の保障の有無やその内容・強度の如何は、「学校・校長の任意な処分に委ねられた事柄」ではないということである。

■校則による生徒の校外政治活動規制

学校の校外生徒指導権

現行法制上「教育は人格の完成」を目指し（教育基本法一条）、「（高等学校における教育は）国家及び社会の形成者として必要な資質を養うこと」に努めなければならない（学校教育法五一条）とあるように、今日、わが国の学校はいわゆる「社会的な生活学校」として、単に学習指導だけではなく、生活指導もその重要な任務としている。

また学校教育と家庭教育、さらには地域での教育は元来、有機的に連なってこそ実を挙げうるのであり、そこで、子どもの利益・福祉の確保や健全育成という観点から、学校・教員が家庭教育の有りようについて発言したり、学校外での生徒の行動や生活領域に係わってある種の影響力を行使することは許容されるであろう。

それどころか、年少者を取り巻く社会環境の悪化、少年非行・暴力・犯罪の多発、規律の喪失と放縦の支配、教育放棄・教育不在・教育外注家庭（無責任な親）の増加、家庭や地域の教育力の弱化、基本的な生活習慣や躾すら欠く子どもの増加、親の学校への強度の依存といったネガティブな現象が目立つ今日的状況においては、むしろそうした役割が学校に積極的に期待され、学校は否応なしにそれを引き受けざるをえない、というのが現実かもしれない。

ともあれ、学校の教育権能、なかでも生徒指導に関する権限＝生徒指導権が空間的に学校の域を出て、校外にも及びうるということについては、おそらく異論はないであろう。

校則による校外生徒規律の限界――校外政治活動規制の違憲性　けれども、それにしても、わが国の学校は歴史的にも、今日においても、その任務や子どもに対するコントロールが広範囲に及びすぎてはいないであろうか。これをひとことで言えば、日本の学校は子どもの教育を丸ごと抱え込み（込まされ）、子どもを丸ごと管理してきたと言っても決して過言ではない〈丸抱えの教育観〉。

ここで確認しておきたいと思う。もともと学校が責任を負うべきは、学校における生徒の生活およびそれと密接不離の関係にある生活領域についてである筈である。とすれば、当然に、学校の規制権もこの領域に限局されなくてはならない。権利と責任は本来不可分一体、裏返しの関係にあるからである。

ちなみに、この点、東京学館バイク事件に関する千葉地裁判決（一九八七年）もこう判じている。

「学校外における生徒の生活がすべて親の権能の及ぶ家庭教育の範囲内に属するということはでき（ない）」、「校外活動といっても種々のものがあり、それが学校生活と密接な関係を有し、学校生活に重大な影響を与えるものについては、これに対し学校の権能が及（ぶ）」。

以上を踏まえて「校則による生徒の校外政治活動規制」について見ると、生徒が校外において政治集会やデモに参加するなどの政治活動を行なうことは、本来、生徒が市民として憲法上保障されている基本的人権＝市民的自由に属している、という基本的な前提をまず確認しておく必要がある。くわえて、満一八歳以上の生徒にあっては憲法改正手続法と公職選挙法という「国法」によって、国民投票の投票権や国政選挙・自治体選挙の選挙権が保障され、また選挙運動を行うことも法認されているという法的地位にある。だからこそ文科省は二〇一五年一〇月、従来の見解を変更して生徒の政治活動のうち、校外におけるそれについては原則としてこれを容認するとの方針転換を余儀なくされたのであろう。

こうして、学校が生徒指導の名において校外における生徒の政治活動を規制できるのは、生徒の当該政治活動が学校の教育活動や学校の教育責務の遂行に深刻な影響を及ぼし、これを相当程度に妨げる場合に限られると言えよう。たとえば、一九六〇年代末にあった事例であるが、生徒が授業粉砕や学校・学級閉鎖を呼びかけるビラを校内外で配布するようなケースがこれに当たる。

文科省見解は「生徒の政治活動が暴力的なものとなり、生徒の安全に対する危険を伴う恐れがある」ことを校外政治活動規制の主要な根拠として挙げているが、しかしこのような理由はおよそ規制を正当化する事由たりえないと言える。仮に生徒の校外政治活動が暴力行為や可罰行為を伴うに至った場合は、他の一般の政治活動の場合と同じく、生徒の政治活動も刑法や民法などの一般法の規律に服し（たとえば、民事・刑事上の責任の発生）、法定の手続に則って処理すべき事柄であると捉えるのが本筋であろう。

それに愛媛県立高校の校則も「保護者の許可を得て……届け出る」と書いているが、もとよりこの問題は第一次的には生徒本人の自律的な決定と自己責任に属する事柄であるが、次いで親の教育権と教育責任に係わる事柄でもある。世界人権宣言（二六条三項）や子どもの権利条約（一八条一項）も明記しているように、親は子どもの教育について第一次的な権利を有し、責任を負っている。このいわゆる「親の教育権」は「人間の根元的権利」に属しており、「始源的で前国家的な権利」（自然法的な権利）として、民法による保障に止まらず（八二〇条）、憲法によっても厚く保護されている――憲法一三条〈幸福追求権〉の保護法益ないしいわゆる「憲法的自由」として――、とするのが憲法学の通説である（拙著『学校教育における親の権利』一九九四年）。そしてこの親の教育権は、本質上、子どもの教育についての「包括的・全体的教育権」だという本質的属性をもっており、その対象や内容は子どもの教育に係わるすべての事項に及ぶのであり、こうして親が子どもの政治活動に係わってもある種の権利と責任を有していることは自明であろう。

こうして生徒の校外政治活動については、学校は権利規制的な介入をしてはならず、あくまで指導ないし助言をするといった程度に止まらなくてはならないということになる。生徒の校外政治活動について学校への届出制を容認した文科省見解およびこれをうけて届出制を導入した愛媛県立高校の校則は、生徒指導の域を超えて、第一次的には生徒の政治活動の自由＝政治的表現の自由を、副次的には同時に親の教育権を侵害するものとして違憲であると評さなくてはならない。

なおドイツにおいては、既述したように、基本法の人権条項が学校・生徒に直接適用され、生徒が学校外においてはもとより、学校内にあっても各種の政治的基本権を享有していることは学説・判例上自明視されている。このことを基本的な前提として、①学校が校内における生徒の政治活動を禁止ないし制限できるのは、それが学校の教育責務の遂行、秩序ある学校経営ないし「学校の平和」＝他の生徒の権利や自由に深刻な影響を与える場合に限られる。②学校外における生徒の政治的な意見表明や政治活動については、教育行政機関や学校は原則としてこれに介入することはできない。ただ例外的に、その影響が直接学校の教育活動に及び、学校の教育責務の遂行を著しく妨げるような行為はこれを規制することができる。校外において授業のボイコットを呼びかけるデモ行進をしたり、ビラを配布するなどの行為がこれに当たる、とされている。

⑽　教員の政治活動に対する規制強化

「提言」は、教員の指導や政治活動について、「政治的中立性の確保を徹底」すべく、教育公務員の政治的行為の制限違反に刑罰を科すことができるように教育公務員特例法（以下、「教特法」）を改正し、併せて「偏向教育」を防ぐための具体的手立てを確立するよう求めている。

既に言及したように、自民党・文部省の日教組へのいわゆる「偏向教育」批判を背景として、一九五四年に中立確保法が制定され、同法により、教職員組合等の組織的な活動を利用して教員に「偏向教育」を教唆・煽動した者は「一年以下の懲役又は三万円以下の罰金」に処せられることになっている（四条）。ただ同法が刑事罰の対象としているのは、教職員組合等の組織的な活動を利用して、教員に「偏向教育」を教唆・煽動する行為であって、個々の教員の教育活動や政治活動はその対象とされてはいない。

そこで「提言」は、中立確保法の規定に加えて、個々の教員の政治的行為の制限違反にも刑事罰を科すことができるように教特法を改正し、教育基本法一四条二項が要請する「教育の政治的中立性の確保」をさらに徹底するように求めているのである。

現行法制上、教員は教育基本法一四条二項、中立確保法、国家公務員法一〇二条および人事院規則一四—七（政治的行為の制限）によって、その政治活動は広範かつ強度に規制されるところとなっている。このように教育公務員の政治活動を一般公務員にプラスして加重的に規制する立法は、自由民主主義を標榜する国家においては他に類例を見ないのであるが、規制をさらに強化し、個々の教員の政治的行為の制限違反にも刑事罰を拡大すべきだというのである。

中立確保法の制定目的は「教育基本法の精神に基き、……学校における教育を党派的勢力の不当な影響又は支配から守り、もって義務教育の政治的中立を確保するとともに、……教育職員の自主性を擁護すること」（一条）にあるとされる。「提言」の重要な目的の一つは、同法の立法目的とは裏腹に、教員を刑罰権力によって委縮させ、その政治的意思を削ぎ、政治活動を沈滞化させることにあると言えようか。

以上と関連して、つぎの事例は教育基本法一六条一項が禁止する「教育に対する不当な支配」と係わって重要である。

二〇一六年六月、自民党文科部会はＨＰで「学校教育における政治的中立性についての調査」を実施し、「政治的中立を逸脱するような不適切な事例を具体的に（いつ、どこで、だれが、なにを、どのように）記入してください」と呼びかけ、広く不適切な事例を募った。各方面から「生徒・親に対する密告のすすめ」ではないかとの批判が相次ぎ、調査サイトは三週間程度で閉鎖されたという。

この自民党文科部会の調査を「先取り」した自治体も見られている。北海道教育委員会が二〇一〇年に設けた「学校教育における法令等違反に係る情報提供制度」がそれである。教職員組合の幹部が係わった政治資金規正法違反事件が契機となって、道民に対し、教職員の政治的行為や指導について法令違反の事例の情報提供を募る制度である。「学校運営の適正化を推進」（上記制度に関する要綱一条）することが制度の目的だとされ、北海道教育委員会教育長決定として現在もその効力を有している。北海道内の弁護士会が「学校教育を日常的に監視する事態を招く」などとして制度廃止を勧告したが、北海道教委は「問題ない」との考えだと報じられている（「朝日新聞」二〇一六年七月二一日）。

教育基本法一六条一項は、旧教基法一〇条一項を継受して、「教育は、不当な支配に服することなく、……行われるべきもの」であると規定している。ここに「不当な支配」とは、「教育の政治的中立性を阻害するような一党一派に偏した干渉」をいう。「不当な支配」に当たるか否かの判断基準は、法律上の権限の存否ではなく、もっぱら教育の政治的中立性または教育行政の中立性を害する危険があるか否かによって定まる。「不当な支配」をなす主体は主として党派的勢力であるが、政党その他の政治団体、官僚組織、労働組合、事実上の組合その他の団体、そして政府もまたこれに含まれる（有倉遼吉・天城勲・前出書）。

上記二つの事例に引きつけて言えば、自民党文科部会の調査はまさに「教育の政治的中立性を阻害するような一党一派に偏した干渉」に他ならず、教育基本法一六条一項が禁止する「不当な支配」に該当し、違法だと断じてよい。

また北海道教委の設けた制度は、「教育の政治的中立性」および「教育行政の中立性」を害する危険性が強く、「教育に対する教育行政による不当な支配」として、教育基本法違反の疑いが濃厚だと言えよう。

３　生徒会活動と校長の校務掌理権

(1)　生徒会の法的地位・性格

先に触れたように、二〇一五年九月に総務省と文科省が共同で作成した高校用主権者教育の副教材は、①政治に参加するために必要な力を育むためには、たとえば、学校生活の改善・向上を自分たち自身の課題として捉え、その解決のために生徒会の会員として参加することが重要であるとして、「政治参加」と「生徒の学校参加」を関係づけていること、②その場合、自発的・自治的な生徒会活動に重要な役割が期待されること、③生徒の学校参加は学校生活のあらゆる場面において実現されるべきであると共に、青少年は家庭や地域社会など日常生活のあらゆる決定場面に積極的に関わる機会が保障されるべきだとして、学校、家庭、地域社会を問わず、青少年の「参加の強化と日常化」が、青少年の政治参加の促進には不可欠であること、との基本的な認識を示している。このような「生徒会」に関する捉え方は、学校法学の観点からは高く評価されよう。

現行法制上、高等学校の教育課程は「各教科に属する科目、総合的な学習の時間及び特別活動によって編成されるものとする」（学校教育法施行規則八三条）とされており、高等学校学習指導要領（二〇一八年告示）によれば、「特別活動」はホームルーム活動、生徒会活動、学校行事から成っている。

教育課程としての特別活動は一九五一年の学習指導要領の改訂で新設されたものであるが、そこでは「生徒会活動は、生徒たち自身の手で計画し、組織し、評価しなければならないとし、教師の指導は最少限にとどめられた。しかも、生徒を積極的に学校経営に参加させ、学校の事柄へ民主的に参与する経験を豊かにもたせることが、社会的・公民的資質を養う上で、重要だということが強調されていた」とされる（海後宗臣他編『教育経営事典』一九七四年）。

現行の高等学校学習指導要領においても、生徒会活動は「全校の生徒をもって組織する生徒会において、学校における自分たちの生活の充実・発展や学校生活の改善・向上を目指すために、生徒の立場から自発的、自治的に行われる活動である」と位置づけられており、ただ「学校の一貫した指導体制の下に運営される必要がある」とされている。「学校の指導体制下における生徒の自治活動」という位置づけである。

このように、生徒会は学習指導要領（文科省告示）に法的根拠をもつ、教育課程上の強制加入組織で、学校組織・権限関係上、学校教育活動の一部として校長の校務掌理権（学校教育法三七条四項）に服している。

(2) 生徒会の自治活動と生徒会誌に対する校長の規制権

校長の校務掌理権と生徒会の自治活動　こうして、校長は校務掌理権者として生徒会活動についても、学校管理・運営上「ある種の権限」を有しているのであるが、問題は、校長の校務掌理権と生徒会の自治活動は学校教育法上、具体的にどのような関係に立つかである。

論点を生徒会誌の編集・発行だけに絞ると、学校法学の観点からは以下の点が重要である。

生徒会誌の編集・発行権の所在　群馬県立高校生徒会誌掲載拒否事件に関する東京高裁判決（二〇〇一年）は生徒会活動は教育課程の一環としての特別教育活動であるから、校務掌理権を有する校長はこれに対しても指導監督権を有しており、こうして「生徒会誌の編集・発行についてもその最終的な権限を有し、その責任を負（っている）」との判断を示している。校長の校務掌理権には生徒会誌の編集・発行権が当然に含まれているとの立場である。

文科省筋の見解によると、学校教育法三七条四項が定める「校務」とは「学校に与えられた仕事の全般」（学校業務）を意味するのであり、したがって、これには教育活動は勿論、学校におけるすべての営みが含まれると解されている（木田宏『教育行政法（新版）』一九八三年）。こうした見解に立てば、校長の校務掌理権はその対象として当然に生徒会誌の編集・発行にも及ぶが、問題は生徒の「自治」活動との緊張で、その権限としての強度であろう。

「自治」とは一般に「自分で自分のことを処置すること」（広辞苑）をいう。上記判旨にあるように、生徒会誌の編集・発行についても校長が最終的な決定権（指揮命令権）をもつというのであれば、これについては生徒会の「自治」は語りえないことになる。「校長の指揮監督下に置かれた生徒の自治活動」という矛盾した位置づけとなる。

しかし、既述した通り、高等学校学習指導要領は生徒会活動を「生徒の立場からの自治的活動」と位置づけているのであり、だとすれば、これについては学校は教育的指導や助言によって対応することを求めていると言えよう。生徒会誌の編集・発行を含め、生徒会活動全般は学校法制上、「生徒の自治・自律性の育成・強化」を目的とする生徒会活動の本旨に照らし、「生徒会の自治事項」に属していると解すべきであろう〈生徒会に対する「自治権」の保障〉。このように解することは、「自律への教育」・「民主主義への教育」という学校の教育目的によっても支援されることにもなろう。

詰まるところ、生徒会誌について言えば、その内容が憲法の価値原理・基本原則の範囲内に止まる限り、これに関する最終決定権はあくまで生徒会の側にあり、学校（校長・教員）

は指導助言ないし支援をもって専らとすべきである、ということが帰結される。

この点、ドイツにおいて、生徒新聞とは「その内容が『生徒によって生徒のために』自律的に決定され、生徒自身の固有責任において編集・発行される定期的な印刷物をいう」（H. J. ヤラス『生徒新聞と学校新聞の法的基盤』一九八三年）と端的に概念規定されているのが大いに参考になる。

生徒会誌に対する校長の規制権と検閲の禁止

既に確認したように、日本国憲法の人権条項は学校教育関係にも原則的に妥当し、こうして現行憲法下においては、生徒は学校外においてはもとより、学校内においても憲法が保障する基本的な諸権利・自由を享有している。なかでも「表現の自由」（憲法二一条一項）は生徒にとって学校法制上、格別に重要な基本的人権に属している。生徒に対する「表現の自由」保障は学校の役割や学校教育の目的から必然的に要請されるものだからである。

以上を踏まえたうえで、この文脈において学校法学上重要なのは、憲法二一条二項が規定する「検閲の禁止」は生徒会誌にも妥当する、ということが導かれることである。この検閲の禁止条項は絶対的な保障であるが、それにプラスして、「表現の自由」が生徒の人格の発達や「自由と民主主義への教育」、「責任ある市民への教育」、「寛容への教育」といった学校の教育目的の実現にとって不可欠な、学校法制上、格別に重要な基本的人権に属しているということに基づいている。端的にいえば、生徒会誌に対する検閲は「精神的な成熟への教育」という学校の教育目的と相容れないということである。

こうして、生徒会誌の編集・発行は校長の許可を必要とせず、また校長は生徒会誌の内容について事前規制的な介入権をもたないということが帰結される。上述のように、生徒会誌の編集・発行権は生徒会の自治権に属しているのであるから、このことは蓋し当然であろう。

(3)　生徒会活動と主権者教育

高等学校学習指導要領は生徒会活動と主権者教育との関係についても言及しているが、ただこう述べているにすぎない。「生徒会役員選挙では、選挙管理規則の周知、立候補に関する事務処理、選挙活動、立会演説会、投開票等に必要な時間を適切に充てるなど、主権者教育の観点からの工夫が必要である」。要するに、生徒会の役員選挙を通して主権者教育の一端を学習するというアプローチである。

しかし一方で、総務省・文科省共著の副教材においては、「政治に参加するために必要な力を育むためには、学校生活の改善・向上を自分たち自身の課題として捉え、その解決のために生徒会の会員として参加することが重要である」とし、生徒会活動を通しての学校参加や青少年の地域社会参加を重視し、それは生徒・青少年の政治・社会参加能力の育成に連なるとの基本的な認識を示している。学校における民主的自治の経験および地域社会や日常生活における様々な決定過程への参加経験こそが、選挙対応のための促成的な「選挙教育」＝「有権者教育」の域を超えて、主権主体の育成を目指す内発的な「主権者教育」に他ならないとの認識が窺え、その限りでは高く評価されよう。

実際、この文脈において、たとえば、二〇一六年九月に一般社団法人・生徒会活動支援協会の主催でシンポジウム「主権者教育としての新しい生徒会」が開催されているが、こうした観点からの取り組みは、「自由と民主主義への教育」・「責任ある政治主体・主権主体への教育」という学校教育の目的とも係わって、本来、民主的自治を基盤とする生徒会の存在意義や役割を考えるうえで高く評価されることになろう。このシンポジウムについて、主催者はこうコメントしている（「朝日新聞」二〇一六年一〇月三一日）。

「政治を身近にするためにも、実生活で問題解決に取り組むことが、『自分ごと』にすることにつながります。中学生や高校生が、興味のない人たちも含めてそれを体験するには、学校のルールを考える生徒会活動は効果的です」。

第5章　「私学の自由」と生徒の政治的意見表明の自由

1　私学における生徒の人権保障

西欧諸国の憲法とは異なり、日本国憲法には「私学の自由」（ないし「教育の自由」）を直接明文で謳った条項は見当たらない。しかし最高裁「学テ判決」（一九七六年）にもあるように、わが国においても、「私学の自由」はいわゆる「憲法的自由」として憲法による保障を受けていると解される。ここで「憲法的自由」とは憲法は明記してはいないが、憲法の理念・価値体系・基本的構造からして、当然に保障されていると解される基本的自由をいう。

それでは、このような「自由」を享有する私学において、生徒はその基本的人権をいかに確保し主張しうるか。

これについて、一方には、たとえば、私立学校が生徒の信条を理由として教育上の差別待遇をしても、それは「私学の自治権」に属する教育問題であり、平等待遇や基本的人権の問題ではないとする有力な見解がある（田中耕太郎『教育基本法の理論』一九六九年）。信条による教育上の差別待遇の禁止規定（教育基本法四条一項）は私立学校には適用されないというのである。こうした説に立てば、そもそも「私学の自由」を享有し、いわゆる「私的自治」ないし「契約の自由」の原則が支配する私立学校においては、原則として、生徒の基本的人権は語りえないということになるのであろう。「生徒の人権論の不在」である。

たしかに、私立学校が創学の精神や校風に基づいて教育を行い、独自の学内規律を設定することは、「私学の自由」として憲法上厚く保護されている法益であることは否みえない。しかし、それは、果たしてそこにおける生徒の人権を強く排除するほどに絶対的な保障を受けているものなのか。私学といえども「憲法からの自由」を享有している筈はなく、また現行教育法制が私学関係をなおも全面的に「私的自治」ないし「契約の自由」に委ねているとも解し難い。現行教育法制上、私立学校が「公教育機関」として位置づけられていることが（教育基本法六条一項・八条、私立学校法一条）、決定的に重要である〈公教育機関としての私学〉。

また他方においては、私立学校においても生徒の基本的人権の妥当性が否定される理由はなく、「教育目的の達成という根本目的を同じくしている公立学校と私立学校とで人権の適用に差異があってはならない」（戸波江二『憲法（新版）』一九九八年）とする立場がある。

しかし、こうした論旨を徹底させると、「私学の自由」を過小評価することにより、私学の存在意義そのものを否定することになりはしないか。生徒の教育をうける権利（憲法二六条一項）には、宗教教育がその最たる例であるが、国公立学校では代替不可能なユニークな「私学教育をうける権利」も当然に含まれているはずである。それに、既述したように、「私学の自由」もまた憲法上の基本権に属していることも決して無視されてはなるまい。

以上から知られるように、この問題は、要するに、「私学の自由」と生徒の基本的人権という二つの基本権が衝突した場合、両者の共存を基本的前提として、いかなる解釈原理に依拠して、どのように価値衡量するかということに帰着する。

この場合、一般的にいえば、「私学の自由」は生徒の基本的人権に原則的に優位することになると言えよう。昭和女子大学事件に関する最高裁判決（一九七四年）も述べているように、私立学校は「建学の精神に基づく独自の伝統ないし校風と教育方針とによって社会的存在意義が認められ、学生（生徒）もそのような伝統ないし校風と教育方針のもとで教育を受けることを希望して当該大学（私学）に入学するもの」〈（）内・筆者〉と一般的には認められるからである。問題は、私立学校は「私学の自由」を根拠として、生徒の基本的人権をいかなる範囲において、どの程度まで制約できるかということにある。以下、これに関する主要な論点について考察を試みよう。

2　憲法の人権条項と私学

(1)　人権保障条項の第三者効力

そもそも憲法の人権保障条項は私立学校にも適用されうるのか。これは、憲法が保障する基本的人権は国家との間の「高権的関係」だけに限定されるのか、それとも「私人相互の関係を規律する効力」＝「第三者効力」をも有するかという問題である。

この問題は、ドイツにおいてはワイマール期以来、基本的人権の第三者効力の問題として、またアメリカにおいては「私的統治」の理論として、学説・判例上に活発な論議を呼んできており、わが国でも近年憲法学における重要な論点の一つとされている。

これについて、わが国の学説・判例上には、大別してつぎのような三様の見解が見られている。

第一は、無効力説。これは、憲法の人権保障規定はもっぱら国家（公権力）と国民との間の関係のみに関するものであって、私人相互間には適用されないとするものである。この説によれば、憲法が明記している場合は別として、私人間における基本権侵害の問題は、法律によって解決されるべきだ、とされることになる。この説は、憲法はほんらい国家の組織と権力行使の法的基礎を定めたものであるという伝統的憲法観に立脚している。最高裁判所がこれに近い見解を採っており、たとえば、三菱樹脂事件判決（一九七三年）において、こう判じている。

「（憲法一九条の思想・良心の自由条項は）、その他の自由権的基本権の保障規定と同じく、国または公共団体の統治行動に対して個人の基本的な自由と平等を保障する目的に出たもので、もっぱら国または地方公共団体と個人との関係を規律するものであり、私人相互の関係を直接規律することを予定するものではない」。

学校法域では、修徳高パーマ禁止校則事件に関する東京高裁判決（一九九六年）が、上記最高裁判決を引いたうえで、「私立学校である修徳高校の校則が憲法に反するかどうかを論ずる余地はない」と断じている。

第二は、直接効力説。これは、「憲法は、国の最高法規であって、公法の領域であると私法の領域であるとを問わず国の法全般にわたって適用されるべきものであるから、私人による基本権の侵害に対しても、これを私人による憲法違反として裁判等でこれを主張することができる」（初宿正典『憲法2（基本権）』一九九六年）、とするものである。この説の根底には、現代憲法は国民の全生活にわたる客観的価値秩序であり、それは社会生活のあらゆる領域において全面的に実現されるべきだという新しい憲法観が横たわっている。この理論は下級審判決ではかなり採用されている。

第三は、間接効力説。この説によれば、基本的人権はほんらい国家権力に対する市民の防御権であり、したがって、その保障は私人間には直接には妥当しない。しかし、私人間の人権侵害行為に合理的な理由がない場合には、憲法の人権条項を受けた民法九〇条の公序良俗規定に違反し無効となる、とされる。この説は私的自治・契約の自由という私法上の基本原理を維持しつつ、私法の一般条項や不確定法概念を基本的人権の価値内容で「意味充塡」することによって、基本的人権を保障した憲法の精神を私法関係に照射せしめようとするものである。通説はこの立場に立つ。なお、人権の価値と一般条項との結合の仕方如何により、この説はさらに「積極的」間接効力説と「消極的」間接効力説とに分かれている。

(2)　人権保障条項の私学への適用

それでは、これらの諸説のうちのいずれが妥当であろうか。憲法学上の一般論はさて措き、ここでのテーマに即しての現行教育法制下における解釈論としては、「積極的」間接効力説が原則的に妥当であると考える。それは、以下の理由による。

①　私立学校の教育関係について直接効力説を採りえない最大の理由は、それは「私学の自由」〈私的自治〉を破壊し、私学の社会的存在意義を根底から否認する結果を招来するのではないかという点にある。既に確認されたように、私学の存在およびその自由は現行憲法体制によって強く擁護されているのである。とすれば、国家権力による規制ならば当然に違

憲であるような人権に対する制約でも、そこにおいては「私学の自由」に根拠づけられて容認される場合もあり得ると言わなければならない。くわえて、そういう私学を選択する自由もまた憲法で保障された基本的人権であるということも、直接効力否定の有力な根拠となしえよう。

② かといって、「私学の自由」を不当に過大評価して、私立学校の教育関係には憲法の人権保障規定の効力はまったく及ばない〈無効力説〉とすることもできない。それは、私立学校の法的性質に起因する。

私人間における人権に対する制約の許容限度は、換言すれば、ある種の私的行為が人権侵害行為として憲法上の基準の適用をうけるか否かは、それが行われる団体の性格によって一様ではないと考えられる。すなわち、一般的にいえば、「私的」ないし「個人的」任意加入団体においては原則として人権はかなり大幅に制限できるが、強制加入団体や「公的」ないし「社会的」任意加入団体においては、広範囲に及ぶ強度な人権規制は認められないと言わなければならない。

それでは、私立学校の場合はどうか。たしかに私学は、基本的には、私的発意と自己責任に基づいて設置・経営されているものではあるが、現行法制上、純然たる私的団体としては位置づけられていない。教育基本法や私立学校法は私立学校にも「公の性質」（教育基本法六条一項・八条）や「公共性」（私立学校法一条）を強く要求しており、これに対応してその教育・経営管理事項にかなり広範な規制を加えているのである。旧法制下におけるのと異なり、私立学校設置主体を「学校法人」とすることによって法人機構の「公共性」の昂揚を図っていることなどがその顕著な例である。このような私立学校の「公共性」を考慮すると、そこにおいては、合理的な理由を欠く人権侵害行為は憲法によって排除されると解するのが妥当であろう。

なお、以上の点に関連して、アメリカにおける「私的統治」の理論は大いに参考になると思われる。これは、「ある種の私的行為を種々の解釈技術によって国家化し、広汎に憲法の規制に服せしめる判例理論」であるが（芦部信喜『現代人権論』一九七七年）、近年、この理論を私立学校にも援用して、そこでの人種差別や退学処分への憲法の直接適用を認める判例や学説が有力となっているのである。

すなわち、教育のもつ高度の公的性格・私立学校の果たす公的機能を第一次的な根拠とし、これに加えて、財政援助・租税免除その他国から認められた特権、国によるコントロールの範囲と程度、私学に関する制定法の有無とその内容等の事情を総合的に考慮した場合、私立学校と国との密接性はきわめて強いと判断されるから、私立学校は国の agent とみなすことができ、したがって、憲法的規律に服するというのである。

私立学校法制に差異があるとはいうものの、上記のようなアメリカの判例理論のわが国私学関係への援用の可否は検討に値しよう。

以上が、私立学校については間接効力説が妥当だとされる主要な理由であるが、それを更に「積極的」間接効力説たらしめる根拠として、つぎの二点を挙げることができる。

一つは、憲法が標榜する社会国家理念からくる要請である。生徒の「教育をうける権利」はこの理念の具体的現れの一つであり、したがって、「私学の自由」と「生徒の基本的人権」との価値衡量に当たっては、この理念が後者を強く支援することになる。

二つは、教育機関の特質に基づく要請である。教育機関としての私立学校においては、その本質上、生徒に対しても基本的自由・人権が可能なかぎり保障されなければならない。

こうして、私立学校においても、その性質および目的に合理的な関連性のない生徒の人権規制は、憲法の人権規定によって意味内容を充填された民法（九〇条）ないし教育法上の公序良俗規定（ことに教育基本法四条一項の「教育上の差別禁止」）を媒介として排除されることになる。しかも、この場合、人権の価値を公序良俗規定に積極的に導入することが求められているのである。

(3)　生徒の基本的人権の種類との関係

上述のように、私学への人権条項適用の可否に関しては、積極的間接効力説が妥当なのであるが、ただそれはあくまで一般的な原則を確認しているにすぎない。私学における生徒の人権規制の可否・その強度については、規制の対象とされている基本的人権の内容・性質・機能に即した個別的な検討がさらに求められることになる。

そしてその場合には、規制された生徒の人権が憲法が直接適用を前提としている権利かどうか、生徒の「人格的自律にとって重要な人権」〈思想・良心・信教・表現の自由などの精神的自由権〉かどうか、などが特に考慮されなければならないであろう。

このうち、後者について敷衍すると、まず「思想・良心の自由」(憲法一九条)と「信教の自由」(二〇条一項)については憲法の直接的効力が認められると解される。思想・良心・信教の自由は純粋に個人の内心に関する本源的な基本権であって、他の精神的自由権に比して著しく強度の不可侵性を保障〈絶対的な保障〉されているからである。

したがって、たとえば、先に引いた昭和女子大学事件におけるように、その学校の教育方針とは馴染まないという理由で学生に「思想自体の改変」を要求することは憲法上とうてい許されないというべきである。

また「表現の自由」(憲法二一条一項)についても同じく憲法の直接的効力が認められると

解される。表現の自由は個人の人格の形成・発達にとって、つまりは学校においては格別に重要な生徒の基本的人権の一つであり、また生徒が自ら政治に参加するために不可欠の前提をなす基礎的権利だからである。憲法学の支配的見解によれば、表現の自由は人権体系の中でも「優越的地位」を占め、したがって、この自由を制限する法令等の合憲性は、厳格な基準によって判定されなければならない、とされている所以である。

こうして、私立学校においても、生徒は「政治的意見表明の自由」、つまりは政治的基本権を原則として享有しており、「私学の自由」に依拠しての生徒のこの権利に対する規制は、厳格に必要やむを得ない場合に限られることになると解される。たとえば、宗教的私学においてマルクス主義的色彩を濃厚に帯びた政治活動を行なうような場合など、当該私学の存在意義や建学の理念に基づく傾向性と本質的に相容れないような政治活動、学校の教育秩序を相当程度に乱し、学校としての教育責務の遂行に深刻なダメージを与えるような政治活動などに対する規制が、その例として挙げられよう。

なお、上述したところと係わって、私立駒場東邦高校生退学処分事件（一九七二年）における下記のような原告側主張は、基本的には支持されてよい。

「憲法一九条はあらゆる思想をもつことの自由を保障し、また二一条はその表現方法として集会、デモに参加する自由、ビラなどを配布する自由を保障している。さらに憲法一四条は特定の思想、信条により個人を差別してはならない旨定めている。このような基本的人権は単に成人のみを対象としたものではなく、未成年者といえども保障されるべきことはいうまでもなく、またこれらの規定は公の秩序として私人間にも適用されるべきは当然である」。

「高校生も卒業すれば多くの者がただちに社会に出て働くことになるし、成年にも近いのであるから、高校時代にこそ将来真に社会の担い手となるよう政治教育をしっかり行うことが必要であり、そのためには、むしろ校外の政治的集会やデモへの参加を認め、そこでの行動から政治社会の具体的問題を体得できるようにすることが必要である」。

3 私学在学関係の法的性質

生徒が私立学校に入学し在学する関係は、生徒・親と学校法人との契約に基づいている。この契約の内容は各私学の学則等によって一様ではないが、私立学校は生徒に所定の教育サービスを提供し、生徒・親はその対価として授業料その他を納付する義務を負うことをその基本的な内容としている。

ただ、このように私学在学関係の基本が契約関係として把握されるとしても、問題は、それがどのような性質の契約関係であるかということである。その性質の理解如何によって、私学と生徒との間の法的関係にかなりの差異が生じることになるからである。

これについて、私学在学関係を純然たる私法上の契約関係と解する説がある。たとえば、近畿大学学生除籍処分事件に関する大阪地裁判決（一九六五年）はこう述べる。

「学生が私立大学に入学を許可されたことによって大学と学生の間に生ずる法律関係は私法上の在学関係と解せられるところ、学生は入学に際し、学生たる権利義務を有する地位の喪失ないし復活に関し、大学所定の規則に従うことを承認したものとみるのが相当である」。

このような見解に立てば、私学在学関係の設定・形成には民法がストレートに全面適用され、そこにおいては「私的自治」ないし「契約の自由」の原則が大幅かつ強度に働くことになるのであろう。この結果、生徒（親）の立場がかなり不利になることは言うまでもない。たとえば、授業料を滞納すれば、学校側は直ちに民法五四一条の法定契約解除権を行使して当該生徒を除籍できる、などがその一例である。

しかし、このように私学在学関係を単なる私法上の契約関係とみるのは誤りであろう。先にも触れたように、現行教育法制は「私学の公共性」に基づいて私立学校にも広範な公教育法的規律を加えており、そこにおける法律関係の形成をトータルに契約の自由に委ねているわけではない。それに現代法においては公法と私法の区別そのものが既に相対化しており、こうした動向のなかで「教育法」は「教育と教育制度に特有な法論理」を有する「特殊法」として、伝統的な公法にも私法にも属さない独自の法領域をなしていると見られるのである

（兼子仁『教育法』一九七八年）。

だとすれば、私学在学関係をあえて公法・私法の伝統的二元論に範疇づける必要はなく、それは教育主権＝公教育法による規律を多分にうけた、「特殊契約としての教育契約関係」として把握するのが妥当だと考える。

この点、私学法が相対的に独自の法域を形成しているドイツにおいても、私学在学関係は「その効力が公法上の条件に規律されている、私法上の契約関係である」（E. シュタイン・M. ロエル『学校法ハンドブック』一九九二年）と捉えられているのが参考になる。

このように、私学在学関係は公教育法的規律下の特殊契約関係として捉えられるのであるが、その具体的法内容の確定はなおも原則的には「契約の自由の原則」の下に置かれていると解される。

この「契約の自由の原則」は「各人が自己の意思に基づいて自由に契約を締結して私法関係を規律することができるとする原則」であって、一般にその内容として次のような自由を含んでいるとされる。契約を締結するか否かの自由、相手方選択の自由、契約内容の自由および契約方式の自由である。ただこの原則は、現実には、私立学校の優位を法的に確保する機能を果たすことになり、くわえて、学校教育の本質に起因して、学校側に生徒に対する一定程度の包括的権能が認められるから、私学在学契約は附合契約＝「契約当事者の一方が定めた契約内容に他方が従わざるを得ない契約」としての性格を濃厚に帯びることになる。「私学の自由」がこれをさらに補強し、こうして私立学校は生徒（親）との関係においてかなり優位な地位に立ち、たとえば、独自の学内・生徒規律を設定できることになる。

4　私学における生徒懲戒と教育的裁量

現行法制上、学校懲戒処分は「教育上必要があると認めるとき」（学校教育法一一条）に、しかも「教育上必要な配慮」（同法施行規則二六条一項）をしてなされうる「教育的懲戒」と本質規定されている。

この教育的懲戒は教育の自律性と専門技術性に由来して、「学内の事情に通暁し直接教育の衝にあたるものの合理的な裁量に任すのでなければ、適切な結果を期しがたい」〈昭和女子大学事件に関する最高裁判決・前出〉から、原則として、それは懲戒権者たる校長の教育的裁量事項に属していることは否みえない。具体的には、懲戒処分を発動するかどうか、懲戒処分のうちいずれを選択するかどうかについてである。とりわけ、私学においては、このような教育の特質にくわえて「私学の自由」が保障されているところから、この教育的裁量権は国・公立学校の場合に比して原則的にはより広範に認容されていると言えよう。

とはいっても、この場合、懲戒処分は在学契約上の法律行為として生徒に対する権利侵害性を伴うものであるから、たとえ私立学校であっても、それが懲戒権者の全面的な自由裁量事項に属していると見るわけにはいかない。「私学の公共性」と係わって、私学の在学関係に対しても「拡張された法治主義」が適用されると解すべきだからである。そうだとすれば、生徒懲戒に際しての裁量権の性質・範囲・限界は、換言すれば、それがいかなる範囲でどの程度にまで司法審査に服するかは、一方における「教育的懲戒性」と他方における「権利侵害性」とを、個々の処分内容に即して具体的に比較考量しながら見定めていかなければならないと言えよう。

このような観点からすると、たとえば、昭和女子大学事件に関する東京高裁判決（一九六七年）におけるように、退学処分についてまで懲戒権者に大幅な自由裁量領域を認めることは甚だ疑問だと言わなければならない。学校教育法施行規則二六条三項は退学事由を具体的に四項目だけに限定しており、したがって、各種懲戒処分のうちから退学処分を選択することは懲戒権者の自由裁量に委ねられているわけではなく、法の拘束をうけているのである。この点に関しては国・公・私立学校間に差異は存しないから、私立学校においてもそれはいわゆる「法規裁量」＝「法が当然に予定している客観的基準に拘束される裁量」に属していると見るのが相当なのである。このような実定法的根拠にくわえて、退学処分は生徒の「私学において学習する自由」・「教育をうける権利」の剝奪行為として著しく強度の権利侵害性を帯びていること、またそれは、学校からの排除処分であっていわゆる「教育的懲戒性」がきわめて稀薄であること等も、退学処分を法規裁量処分たらしめる有力な根拠となろう。

こうして私学においても、退学処分の要件適合性につき懲戒権者が判断を誤った場合には違法となり、それに対しては当然に司法による救済が保障されることになる。ただ、法規裁量性の度合いには差異があるから、退学処分の場合でも裁量権の行使に際してなおも「私学の自由」が機能する余地のあることは否定できない。

なお、以上を踏まえたうえで、原則として私学の裁量に委ねられていると解される事柄であっても、①学校が事実誤認に基づいて処分をしたり、②常識的にみて著しく不合理な内容の判断をしたとき、たとえば、軽微な規律違反行為に対し不相応に過酷な懲戒処分をしたり、特定の生徒をいわれなく差別し不利益な扱いをしたりするのは、裁量権の限界を越え、違法となる。また、③表面上は適法に見えても、不公正な動機や教育目的以外の目的で、懲戒処分をすることはもちろん許されることではない。たとえば、成績・素行の不良を表面上の理由としつつ、実は学校に対する批判を封じる目的で、学校の施設費や授業料を云々した生徒に対し転校を強要するがごときは〈私立中学の強制転校事件・神戸地裁判決・一九八九年〉、裁量権の濫用であり、違法である。

つぎに、懲戒処分の手続についての問題がある。具体的には、「適正手続」（due process of

law）の要請が私立学校における懲戒権発動の要件とされ得るかということである。

これについては、学校教育法令に生徒の懲戒処分手続に関する定めがないこともあって、旧来の通説・判例は、上述のように、生徒懲戒は懲戒権者としての校長の「教育的見地にもとづく自由裁量」に属すると解してきた。こうした立場からは当然に「学則に特別の規定があるか、あるいは慣行のある場合を除き、処分に先立ち、被処分者たる生徒の弁明をきくか否かは、処分権者たる校長の裁量にまかされていると解される」（大阪地裁判決・一九七四年）と論結される。

けれども、「私学の自由」によって補強された教育裁量権を有する私立学校においても、退学・停学などの懲戒処分や出席停止措置のような「生徒の法的地位や権利領域に強く触れる」措置・決定を行う場合には、生徒（親）に対する事前の聴聞は必須的要件をなしていると言える。つまり、こうした手続をとらずになされた処分は、学校の手続的義務が果たされていないものとして、手続的違法を帯びて無効ということになると言えよう。それは、主要には、下記のような理由による。

①　今日の憲法学・行政法学の支配的見解および判例によれば、憲法三一条の適正手続条項は刑事手続に関してだけではなく、行政手続にも準用ないし適用されると解されているが、その趣旨はひろく「公教育機関としての私学」関係にも妥当し、こうして、この条項は

私学における懲戒手続にも準用されると解される。

② 子どもの権利条約は子どもに対して意見表明権を保障し（一二条一項）、くわえて、この権利を手続的に担保するために聴聞をうける権利を保障している（同条二項）。「実体法上の権利としての意見表明権」と「手続法上の権利としての聴聞権」の保障である。それは生徒の「適切な手続的処遇をうける権利」と称されようが、もとよりこの条約上の権利は私学における懲戒手続にも妥当し、この面での「私学の自由」を強く拘束することになる。

5　宗教的私学の特殊性

以上、「私学の自由」と生徒の基本的人権に係わる主要な論点について考察をくわえたのであるが、そこにおいては宗教との関連は一応視野の外に置かれていた。つまり、以上に述べたことは原則的にはあくまで「私立学校一般」についてであって、したがって、それが「宗教的私立学校」にもそのまま妥当するかどうかは更なる検討が必要とされよう。

思うに、「私学の自由」を根拠としての生徒の基本的人権に対する規制の許容限度は、「宗教的私学」と「非宗教的私学」とでは異なると解される。

すなわち、特定の強烈な宗教的スローガンを建学の精神や独自の教育方針としている宗教的私学においては、非宗教的私学におけるよりも、生徒に対する人権規制はより広範にかつより強く容認されると言えよう。つまり、宗教的私学においては、事柄の性質によっては、上述したところにプラスして生徒の人権規制を行っても、それは必ずしも違憲・違法とはならないということである。

なぜなら、「宗教的私学の自由」は「信教の自由」（憲法二〇条一項）をその第一次的な根拠としており、したがって、それ自体、「国家の非宗教性」または「政教分離の原則」という憲法上の基本原則によって根拠づけられているからである。それはまた、具体的にも、憲法二〇条三項〈私学における宗教教育・宗教活動の自由の保障〉の反対解釈によって根拠づけられているところでもある。さらに歴史的には「私学の自由」の基本的実質はまさに親の宗教教育権・宗教教育の自由に対応した「宗教的私学の自由」に他ならなかったということも（拙著『憲法と私学教育——私学の自由と私学助成』二〇一四年）、これを支援する論拠たりえよう。

とはいっても、実際問題としては、宗教的私学と非宗教的私学とを峻別することはできないし、また前者における宗教性の度合にも濃淡が存するから、この問題は一律には処理しえない。結局のところ、当該私学がどの程度の宗教的支配に服しているかは、法人寄附行為・学則・財源的基盤・組織編制・教育課程・伝統や慣習などを総合的に検討したうえで、個々のケースに即して具体的に判断する他ないであろう。

第Ⅲ部　ドイツの学校法制からの示唆
――「自律への教育」法制・「民主主義への教育」法制

第1章　青少年の政治参加の法的構造

1　国民主権の原則および民主制原則と選挙権

ドイツの支配的な憲法学説および連邦憲法裁判所の判例によれば、「国民主権の原則」（基本法二〇条二項）に立脚し、民主主義を基幹的な政治原理（基本法二〇条一項）とする基本法体制下においては、連邦および州・自治体の政治過程・政治決定に参加する権利は、国民のもっとも重要な権利の一つに属している。この権利は「人間の尊厳」（基本法一条一項）に淵源し、「国民主権に係わる権利」として、基本法が保障する権利の中にあって、もっとも重要な価値を有し、もっとも厚く保護されるべき権利であると捉えられている（T. マウンツ／G. デューリッヒ編『基本法コンメンタール』二〇一一年）。

敷衍すると、国民の選挙権は基本法上の基本原則である国民主権の原則および民主制原則から必然的に導かれる国民としての公権なのであり、国家権力の民主的正当性を根拠づける基本権である。この権利は国民として「国家の意思形成に参加する権利」なのであり、国民としての「政治的基本権」ないし「民主的基本権」に他ならない。

こうして選挙権は個々の国民の「高度に人格的な権利」として保障されているのであり、したがって、この権利は「譲渡できない、放棄できない、かつ委任できない権利」であるという特質をもつと解されている（M. ザックス編『基本法コンメンタール』二〇〇七年）。

2　国民の基本的な義務としての選挙権行使？

ところで、以上のように捉えられている国民の選挙権について、この権利は国民の政治的基本権ないし民主的基本権であると同時に、この権利を行使することは国民としての基本的な義務でもあるとする見解が、近年、有力な連邦議会議員から主張されていることは注目される。

二〇〇九年、社会民主党の連邦議会議員・J. ティーセンは連邦議会で選挙を棄権する者は罰せられるべきだとして、こう主張した（ドイツ連邦議会編『ドイツにおける投票率の低下』二〇一六年）。「われわれ政治家は、選挙権者もまた選挙をすることが要求されているということを連邦議会で議決しなければならない。選挙を棄権する者には五〇ユーロの罰金が科せられるべきである。民主主義は民主主義者なしには機能しないのである」。

この問題について、支配的な憲法学説は、国民に対して投票を義務づけることは国民の「消極的な選挙の自由」を侵害し許されないと解している。基本法の権威あるコンメンタールは、こう述べる（T.マウンツ／G.デューリッヒ編・同前書）。「法律によって制裁を伴う投票義務を導入することは、選挙の自由の原則を侵害する。この自由には選挙権を行使しない自由が含まれているからである」。

ちなみに、比較法的に見ると、現行法制上、国民に対して投票義務を課している国は二〇ヵ国を数えており、EU構成国でもベルギー、ギリシャ、イタリア、ルクセンブルク、ポルトガル、キプロスの六カ国がこうした制度を採っている。この点に関する憲法の規定例を引くと、たとえば、イタリア憲法は「投票義務制」と題して、「選挙権の行使は国民の義務である」（四八条二項）と書いている。

くわえて、棄権者に制裁を科しているのはオーストラリア、エクアドル、ブラジル、ウルガイの四カ国で、たとえば、オーストラリアでは棄権者には二〇ドルの罰金が科せられるところとなっている。

なお国民に対して投票義務を課している国においては、棄権に対する制裁の存否に関係なく、全般的に投票率が高く、通常、八〇％以上を示しており、なかでもベルギーとルクセンブルクにあっては、その割合は常時、九〇％を超えていると報告されている（ドイツ連邦議会編・同前書）。

3　選挙権年齢

(1)　連邦議会議員の選挙

基本法三八条二項は連邦議会選挙について「一八歳に達した者は選挙権を有し、成年になる年齢に達した者は被選挙権を有する」と書いている。

ドイツにおいては一九七〇年七月の基本法改正によって連邦議会議員の選挙権年齢が上記のように一八歳に引き下げられ、各州も市町村議会について州憲法を改正して概ね同様の規定を設けたのであるが、それまでの規定では選挙権年齢は二一歳、被選挙権年齢は二五歳であった。また成年年齢は一八七六年以降、二一歳とされてきたが、一九七四年七月の成年年齢改正法によって一八歳に引き下げられたことから、現行法制下では連邦議会選挙について、選挙権も、被選挙権も満一八歳以上の国民が有するところとなっている。

上記基本法の規定は選挙権年齢を一八歳、被選挙権年齢を成年とすることによって、「普通選挙の原則」を憲法自体が修正するものであるが、憲法学の通説および連邦憲法裁判所の判例によれば、選挙についてこのような年齢制限を憲法上設けることは認められると解されている。選挙権の行使は一定程度の「政治的成熟」を必要不可欠の前提としているからだとされる。

ちなみに、連邦憲法裁判所は二〇〇四年、一五人の青少年が上記基本法の選挙権年齢に関する規定の合憲性を問うた憲法裁判で、下記のような判断を示している――わが国でも公職選挙法が被選挙権年齢を二五歳ないし三〇歳と規定しているのは、国民主権や法の下の平等を定めた憲法に違反するとして、六人の若者が提訴したケースが見られている（朝日新聞・二〇二三年七月一一日）。

「普通選挙を制限することは、止むを得ない事由がある場合には、憲法上許容される。選挙権の行使について最低年齢を設定することはこれに該当し、普通選挙の原則と整合する」。「憲法上の原則は通常、全的には現実化されえない。例外を避けることができないミニマムに限定するのであれば、それで良しとしなければならない。したがって、最低選挙権年齢の導入は民主制原則および普通選挙の原則と抵触するものでない」。

(2)　選挙権年齢引下げに関する憲法改正法案

二〇一四年一一月、同盟90／緑の党の統一会派は子どもや青少年の権利保障と係わって、連邦議会に二つの重要な憲法改正法案を提出した。

一つは、子どもの権利をそれ自体として憲法で直接保障すべきだとする、「子どもの権利の憲法条項化」の法案である。

二つは、連邦議会選挙について、選挙権年齢を現行の一八歳から一六歳へ引き下げる憲法改正法案である。ここで重要なのは、選挙権年齢引下げの根拠である。なぜ、選挙権年齢を一八歳から一六歳に引き下げる必要があるのか。同盟90／緑の党による改正法案提出理由の要点を摘記すれば、次の通りである（連邦議会「第一八被選期間印刷物」二〇一四年）。

①　青少年はわれわれの社会の基本的な構成員である。だからこそ、わが党は第一七期連邦議会に、子どもの権利の確保および強化を旨として、子どもの権利の憲法条項化法案を提出した。そこにおいて、子どもは「発達の促進をうける権利」や「危険から保護される権利」・「暴力から自由な教育をうける権利」を有するとともに、子どもの権利に触れるあらゆる計画や決定に際して、子ども自身、その過程に参加する権利を有することを確認した。

②　青少年は自分達の現在と将来について、その有りように共同決定的に参加することができるし、実際、それを望んでいる。二〇〇五年に実施された研究「ドイツにおける青少年の参加」はドイツにおける青少年の参加がなお不十分であることを実証した。この状況は現在も変わっていない。

③　ドイツにおける人口統計の推移を見ると、いわゆる高齢化社会にあって、青少年は他の年齢層に比して絶対的にも、相対的にも小グループになりつつある。このような状況下にあって、各世代を平衡化させるためには、青少年の利益をより強く考慮することが必要である。青少年にできるだけ早期に、真の参加の可能性に慣れさせ、社会的な関与を可能にさせることがますます重要となっている。

④　「各世代に公平な社会」においては、青少年がその利益を自律的に代表することが可能でなければならない。青少年の早期の参加は公共の福祉に関する意識を鋭敏にし、世代間の連帯と対話を強化し、社会における統合と正義を促進する。

「世代間の公平」という意味では、後続する世代は自らの環境を創造するために、政治的な形成領域をもつことができるように配慮されなければならない。そのためには、参加の学習と実践が不可欠である。

⑤　青少年は民主的基本権の固有の主体である。民主主義における参加の強化と政治的な関与への持続的でもっとも基本的な道は、選挙権である。早い時期に選挙権を保障することは、若い世代が将来に関する重要な政治的決定から排除されてはならないという、若い世代に対する我々の社会の明確なシグナルなのである。

⑥　この文脈において、すべての政治段階における選挙権年齢の引下げは格別に重要であ

る。青少年と直接ないし将来において関わる事柄については、青少年はその決定に参加させられなければならない。「参加は人間の権利」なのであり、このことは青少年にも妥当する。選挙権年齢を引き下げることによって、青少年はその判断能力を信頼され、政治的な意思形成への参加が強化され、勇気づけられる。

⑦　民主主義は繰り返し学習され、活性化されて、生き続けなければならない。それゆえ、社会の現場としての幼児教育施設や学校を協同的に形成することが非常に重要となる。成熟した市民社会は成熟した青少年を前提とする。こうして、「成熟への教育」が学校の中心的な任務となる。

⑧　社会的に不利益を受けている社会階層の子どもは、早い時期から参加するとより多くのメリットがある。早期の参加によって、社会的不利益の結果を補償することができる。早期に参加経験を積んだ者は、その後の人生においても政治・社会に継続的に参加していく。教育の程度や社会的出自に関係なく、すべての人に参加する権利が保障されなくてはならない。民主的な価値と権利を小さい時から教え、体得させることは重要な意味をもつ。

⑨　青少年は先ずは身近な生活・住宅環境の形成や改善に参加することによって、自らの関心とアイデアをそこに持ち込み、青少年および家族に親切な環境を創造することができる。民主的な決定が青少年と結びつくと、広範な承認をえて、当事者の参加の下にその決定

はより良いものとなる。日常生活における積極的な参加の可能性は、青少年の固有の発意と責任感を促進する。

また一九七〇年代半ば以降、子どもの地位の向上ないし権利の擁護・拡大を目指して積極的な活動を展開している社団法人「ドイツ子ども支援組織」は、同じような文脈において、青少年の利益を政治決定過程により強く反映させるために、選挙権年齢を先ずは一六歳に引き下げ、その後、第二段階で一四歳に引き下げるように求めている。その主要な根拠として、同支援組織は「一四歳―一六歳」の青少年は現行法制上、自分自身にとってその影響や法的効果が選挙権の行使よりも大きい決定をすることが既に認められていること、選挙権には少年を保護する機能は求められないことを挙げている。

このような主張を反映して、ザクセン・アンハルト州の同盟90／緑の党の統一会派は二〇二一年一月に発表した「二〇二一年州議会選挙のプログラム」で州議会選挙と市町村議会選挙についいては、選挙権年齢を一四歳に引き下げることを公約として掲げている。こう述べている。「われわれはザクセン・アンハルト州のすべての住民が社会的な決定過程に参加できることを望む。そこでわれわれは、青少年、政治的避難民、難民それにEU市民も含めて、市町村議会と州議会選挙の選挙権年齢を一四歳に引き下げることを公約する」。

なお、上述したところと係わって、「一四歳―一七歳」の青少年が現行法制上どのように位置づけられているか、年齢段階別にその権利・義務の概要を記すと、以下のようである（W.テルピッツ『一四歳から一八歳未満の青少年の権利と義務』一九九一年）。

◎一四歳―①公立学校での宗教教育への参加やその宗派の決定に関し、親の意思に反してでも、子ども自身が単独で決定できる。②制限的な刑事責任能力が発生する。③養子縁組の同意など家族法上一定の権利をもつに至る。④政党に党員として加入することができる。但し、緑の党は年齢制限なし。

◎一五歳―①就学義務の終了。②少年の就業が原則として認められる。③モーターバイクに乗ることが可能となる。

◎一六歳―①親の同意を得て結婚することができる。②飲酒・喫煙することが可能となる。また二四時まで飲食店やダンス会場に滞在できる。③身分証明書を携帯する義務が発生する。④公証人の前で遺言状を作成することが可能となる。⑤裁判所において宣誓する資格を有するに至る。⑥原動機付二輪車の免許状取得が可能となる。

◎一七歳―①親の同意をえて、連邦国防軍に入隊することができる。②親に対する教育援助の終了。③養護教育への指定の終了。

◎「七歳―一七歳」―親の同意を得て、自ら法律行為をなすことができる。弁識能力の有無により、民法上の不法行為責任が発生する。

(3) 州議会および市町村議会議員の選挙権

ところで、各州は州議会選挙や市町村議会選挙などの州や自治体の選挙について、基本法とは異なる選挙権年齢を独自に設定することができるか。これについて否定説も見られるが、支配的な憲法学説は各州は憲法上、選挙制度の形成について広範な裁量決定権を有しており、したがって、選挙権年齢に関しても原則として連邦法から自由に、これを決定することができると解している。

実際、各州の現行法制もこの立場に立っており、こうして、州議会議員選挙については、ブランデンブルク、ブレーメン、ハンブルク、シュレスヴィヒ・ホルシュタインの四州が選挙権年齢を一六歳と法定するところとなっている。このうち、たとえば、ブランデンブルク州においては、州政府が二〇一四年を「参加の年——ブランデンブルク州における青少年の民主的参加に向けて」を宣言し、これを受けて、この年初めて同州の一六歳と一七歳の青少年が州議会選挙、市町村議会選挙それに国民投票の投票権を保障されることとなった。

また市町村議会選挙については、ニーダーザクセン州が一九九六年に選挙権年齢一六歳制を導入したのを皮切りに、今日までに一一州が一六歳以上の青少年に自治体選挙権を保障するに至っている。

(4) 0歳からの選挙権提案

二〇〇八年、キリスト教民主同盟、社会民主党、自由民主党の超党派の連邦議会議員四六名が連名で、選挙権の享有は本来、出生に始まるべきものとして、子どもの出生と同時に選挙権を保障することを求めて第一六期連邦議会に法案を提出した。民主主義の拡大・強化ないし家族に親切な政治の実現を旨としての「家族としての選挙権」の主張である。子どもが政治的に成熟するまでは、その選挙権は自然的教育権者である親（基本法六条二項）が子どもに代わってこれを行使し、子どもの成熟後にこの権利を子どもの単独行使に委ねるというものである。

しかし、選挙権は本来、高度に人格的な権利として「一身専属的な権利」であることから、この提案は頓挫したのであった。

4　選挙権法制の基本原則

基本法は連邦議会の議員について「ドイツ連邦議会の議員は、普通・直接・自由・平等および秘密の選挙によって選挙する」（基本法三八条一項）と規定しており、州議会および市町村議会の議員についても同じような規定を擁している（基本法二八条一項）。これらの条項は「選挙権法制の原則」、つまり選挙権の主体やその行使に関する基本的な要件を定めたものであるが、上記五原則は、フランクフルト憲法やビスマルク憲法などを経て、ワイマール憲法（一九一九年）によって確立され、基本法にも継受されて、今日に至っている憲法上の原則である。

⑴　普通選挙の原則

この原則は歴史的には一七九二年のフランス国民議会の選挙で初めて実現し、その後一九世紀の過程で他のヨーロッパ諸国にも及んだもので、この原則の発展は同時に選挙権の拡大・普及の歴史でもある。その過程において、一八世紀半ばに始まる産業革命と一九世紀における公教育制度の成立・発展が決定的な影響を与えた。

この普通選挙の原則は身分、性別、納税額や所有財産、職業、信条や宗派などの個人の属性によって、国民の選挙権を制限してはならないとするものである。法定の要件を満たせば、すべての国民に遍く選挙権および被選挙権が同等に保障されるということであり、たとえば、ドイツでビスマルク憲法下まで採られていた男性だけの普通選挙制度や一八四九年にプロイセンで導入された三級選挙法などの制限選挙に相対する原則である。

連邦憲法裁判所（一九六〇年）の見解によれば、この原則は「立法者に対して、政治的、経済的ないし社会的理由によって、特定の国民グループを選挙権の行使から排除することを禁止」するものであり、また「ドイツ人はすべてその選挙権を原則として可能な限り同一の方法で行使できることを要請する」原則である。

この原則は民主制原則が前提とする「国民の同等性」を保障し、こうして国家権力の民主的正当性が可能な限り広範な基礎をもつことを確保するもので、国民主権の原則を現実化するものである。

(2)　女性の参政権

普通選挙の原則と係わって、ここで女性の参政権について言及しておかなくてはならない。女性に対して参政権を最初に保障したのは一九〇六年のフィンランドであるが、その後、デンマークが一九一五年に、オランダとロシアが一九一七年にそれぞれ普通選挙制度を実現したが、ドイツで女性に選挙権が保障されたのは一九一八年一一月に革命政府によって制定された選挙法においてであった。そして、その翌年の一九一九年に制定を見たワイマール憲法は「議員は、普通、平等、直接および秘密の選挙において、……満二〇歳以上の男女によってこれを選出する」（二二条）と規定し、ドイツの憲法史上初めて、女性の参政権を憲法上の権利として確認したのであった。それまでは、例えば、上述したビスマルク憲法（二〇条一項）がその例であるが、「普通選挙の原則」とは言っても、「男性による普通選挙」であって、そこにいう「普通選挙」には女性は含まれていなかったのであった。

なお付言すると、多くの先進諸国においては女性参政権は概ね第２次大戦前に保障されたが、しかしフランスとベルギーでは第2次大戦後のことであり、スイスにあっては漸く一九九〇年に至ってのことであった（E．シュタイン『国家法』一九九三年）。

(3)　直接選挙の原則

この原則は選挙権者が直接議員を選定することを求めるもので、選挙権者がまず選挙人を選び、その選挙人が自らの判断によって議員を選定する間接選挙を禁止するものである。プロイセンでは一九一八年までこのような間接選挙制が採られていた。今日のドイツにおいては、この原則はほとんど現実的な意味を失っている。

(4)　自由な選挙の原則

この原則は選挙権者の自由な選出行動を保障するもので、選挙権者の決定の自由を侵害するあらゆる直接的ないし間接的な強制や圧力を禁止するものである。選挙によって議員の民主的正当性が獲得されるための不可欠の要件をなしている。ちなみに、この点について、連邦憲法裁判所（一九五七年）は次のように判じている。「もし選挙の自由が保障されなければ、その他の選挙権に関する原則はすべて無意味なものになってしまう。選挙の自由は強制や圧力から自由な投票行動を保障するだけでなく、選挙権者がその判断を自由で開かれた意見形成の過程で獲得し、決定できることを保障するものである」。

(5)　平等な選挙の原則

この原則は選挙権者の社会的身分や所有財産などによって、複数の投票権をもつ者を認める複数投票制、および選挙権者を社会的身分や財産などによって等級に分け、等級によって選挙権者の投票数に差をつける等級選挙など、個人的属性によって「一票の重み」に差をつけることを禁止するものである。たとえば、イギリスにおいては一九四八年までオックスフォード大学とケンブリッジ大学の学生・卒業生は二票の投票権をもっていたし、既述のように、プロイセンでは一九一八年まで三級選挙法が妥当していたが、このような差別的な選挙制度を原理的に否定するものである。

敷衍すると、この原則は「普通選挙の原則」と同じく、民主制原則が前提とする「国民の同等性」を保障するもので、連邦憲法裁判所（一九九六年）によれば、「基本法が標榜する自由で民主的な基本秩序にとって、すべての国民を選挙権の行使に際して平等に取り扱うことは、国家秩序の本質的な基盤をなしている」とされる。

(6)　秘密投票の原則

この原則は選挙権者に自由な投票を保障するために、また選挙権者が投票により不利益な取扱いを受けることがないように、投票内容は秘匿にされなくてはならないとするもので、選挙の自由を制度的に担保する原則である。この原則は国家・公権力だけではなく、私人に対しても妥当する。

ドイツでは、プロイセンの三級選挙法では投票は公開であったし、また旧東ドイツにおいては、選挙法は秘密投票の原則を規定していたが、現実は政権による圧力で公開投票であったという事実を、ここで想起しよう。

5　オーストリアの一六歳選挙権法制

(1)　子どもの権利に関する憲法

一九八九年一一月に国連総会で採択された「子どもの権利に関する条約」は、従来、ともすれば「保護・教育と規制」の対象とされてきた子どもを、独自の人格をもつ存在として捉え、大人とは違う子どもという視点から、その権利の有りようを総点検し体系化した人権条約として、子どもの権利法制史上、画期的な意義をもつ。

この条約を批准した国は「この条約において認められる権利の実現のため、あらゆる適当な立法措置、行政措置その他の措置を講ずる」（条約四条）義務を負うことになるが、実際、これまでに多くの条約批准国において様々な法制改革が実施されるに至っている。

たとえば、フィンランドやブラジルなど三〇ヵ国で、条約の批准に伴って憲法を改正し、子どもの権利について、憲法自体で規定するに至った。また子どもの権利に関する総合的な法律を制定した国も見られている。

このような動向の中でオーストリアにあっては、二〇一一年二月、「子どもの権利に関する連邦憲法」が制定され、子どもの権利それ自体を憲法テクストでもって保障するに至っている。この憲法は八ヵ条から成っているが、本書のテーマと係わっては、下記の条項が重要である。

◎第一条＝「すべて子どもは幸福になるために必要な保護と配慮をうける権利、最善の成長と発達を求める権利、および世代間の公平という観点から、自らの利益を確保する権利を有する。

公立および私立の施設の、子どもに係わる全ての措置に際しては、子どもの福祉が優先的に考慮されなければならない」。

◎第四条＝「すべての子どもは相応に参加する権利および子どもに係わるすべての事柄について、年齢および発達に応じて、その意見を考慮される権利を有する」。

◎第五条一項＝「すべての子どもは暴力から自由な教育をうける権利を有する。体罰、精神的な苦痛の負荷、性的な虐待およびその他の虐待は禁止される。すべての子どもは経済的および性的搾取から保護される権利を有する」。

◎第六条＝「障害のあるすべての子どもは、その特別なニーズを考慮した保護および配慮を受ける権利を有する。……障害のある子どもと健常児との平等な取扱いは日常生活のあらゆる領域において保障されるものとする」。

上記の条項のうち、とくに第一条が「世代間の公平」という観点から子どもに対して自らの利益を自律的に確保する権利を保障していること、および第四条が子どもの年齢や発達度に応じて、子どもに対して「相応に参加する権利」を憲法上の権利として保障していることは注目される。

⑵　一六歳選挙権法制

第一共和制時代の一九二九年に制定されたオーストリア連邦共和国憲法は、その後、四度に亘ってかなり大幅に改正され、今日に至っているのであるが、選挙権法制の観点からは、二〇〇七年六月の憲法改正は刮目に価する。

すなわち、改正憲法は従前通り、第一条で「オーストリアは民主的な共和国である。その権能は国民に由来する」と謳い、第七条で「すべての連邦市民は法の前に平等である。出生、性、身分、階級および宗派による特権は排除される」と書いたうえで、国政選挙についていて、下記のように規定して、選挙権年齢を一八歳から一六歳へ、被選挙権年齢を一九歳から一八歳へ（大統領選挙を除く）それぞれ引き下げたのである。

◎第二六条一項＝「国民評議会の議員は、選挙の日に満一六歳に達している男女の、平等・直接・本人自身による・自由・秘密の投票にもとづいて、比例代表制の原則により、連邦国民によって選出される」。

◎第二六条四項＝「オーストリアの公民権を有し、選挙の日に満一八歳に達している選挙権者は、国民評議会の議員の被選挙権を有する」。

併せて、改正憲法は連邦大統領選挙、州議会選挙、市町村議会・市長選挙、ヨーロッパ議会選挙についても、選挙権年齢と被選挙権年齢を規定しており、選挙権年齢はいずれも一六歳とし、被選挙権年齢は大統領選挙（三五歳）を除いてすべて一八歳と定めている。また国民投票の投票権も一六歳から保障するところとなっている。

このように、オーストリアにおいては二〇〇七年以来、国政選挙の選挙権年齢は憲法上一六歳と定められているのであるが、これはEU構成国では最初であり、その後、二〇一八年にマルタでも同様の一六歳選挙権制度が導入されたが、現在のところ、EUではこの二ヵ国だけに止まっている。

なお、州や自治体レベルの選挙権年齢については、既述したとおり、たとえば、ドイツでは州議会選挙では四州が、市町村議会選挙では一一州が一六歳と規定しており、またスコットランドではスコットランド議会議員の選挙権年齢および国民投票権の始期は一六歳とされている。

ところで、上記のような一六歳選挙権制度はオーストリアにおいてどのような評価を受けているのか。これについて、一六歳～一七歳は自ら政治的決定を行うには未だ十分に成熟していないとの批判も見られている。しかし、若い世代が早期に政治過程に参加する機会をもつことで、彼らの政治的関心と政治に関する知識が増加し、そのことは若い世代の政治参加をいっそう促進し、それによって彼らの世代の利益を民主的に代表することができるようになる、との積極的な評価が一般的になっているとされる（P．シュミット／J．エットホーファー『オーストリアにおける一六歳選挙制』二〇一八年」）

実際、一六歳～一七歳が初めて参加した二〇〇八年の国民評議会議員選挙では、この年齢層の投票率は、有権者全体の平均投票率と同じく、八八％にも達したと報告されている。

第2章　青少年の参加権保障法制

1　連邦青少年支援法による青少年の参加権の保障

現行法制上、公的領域における「青少年の参加権」を明示的に保障している連邦法としては、一九九〇年、「社会法典第Ⅷ法典」として制定を見た「青少年支援法」が存している。青少年支援に関する事項は連邦と州の競合的立法に属しており、そこで連邦がこの法域における統一的な立法として制定したのがこの法律である。

青少年支援法は八章一〇五ヵ条からなる大法典であるが、先ず第一条で「教育をうける権利、親の責任、青少年支援」と題して、こう確認している。「すべて青少年は、自らの発達の促進を求める権利および自己責任的で社会的資質をもった人格へ向けた教育をうける権利を有する」。青少年支援の価値原理としての青少年の「発達の促進を求める権利」および「自己責任的で社会的資質をもった人格へ向けた教育をうける権利」という位置づけである。

続いて、青少年のこれらの権利を確保し実現するために、「青少年とその家族のために、積極的な生活条件および子どもと家族に親切な環境を確保ないし創出すること」が青少年支援の重要な役割であると述べたうえで、「青少年の参加」（八条）と銘打って、次のような規定を擁している。

「青少年は、その発達状態に応じて、自分と係わる公的青少年支援のすべての決定に参加することができる。青少年は適切な方法で行政手続において、……その有する権利を主張することができる」、「青少年は教育と発達に関するあらゆる事柄について、少年保護局に相談する権利を有する」。

さらに関連して、公的な青少年支援の任務遂行に際しては、「青少年の自律的で責任ある行動への、伸張する能力と増大する欲求ならびに青少年とその家族の特別な社会的・文化的なニーズが考慮されるものとする」（九条）と書き、青少年支援当局に対して、青少年の伸張する人格的自律権とその特別なニーズの尊重義務を課すところとなっている。

一方、学校と並んで青少年の社会化機能を期待され、そこで青少年支援当局の義務的な任務とされている青少年活動について、本法はその目的や役割をこう述べている（一一条）。「青少年は自らの促進と発達に必要な青少年活動の機会を提供されるものとする。青少年活動は青少年の利益と関係し、彼らによって共同決定され、彼らに自己決定能力をつけ、そして彼らを社会的な共同責任と社会参加に向けて鼓舞し導くべきものである」。そしてこうした文脈の中で青少年活動の重点活動の一つとして、青少年に対する学校外の政治教育を挙げることころとなっている。

また関連して、青少年団体の自律性についても言及し（一二条）、「青少年団体ないしそのグループの自己責任にもとづく活動は促進されるものとする」、「青少年団体ないしそのグループにおいては、青少年活動は青少年自身によって組織され、共同で形成され、共同責任で行われるものとする」との定めが置かれている。

以上が「青少年の参加」と係わる連邦青少年支援法の条項であるが、「連邦建設法典」（一九八六年）も「建設基準計画の作成に際しては、青少年の社会的および文化的なニーズも考慮されなくてはならない」（一条）と書き、それを担保するために青少年に対し当該建設計画について知る権利、意見を表明する権利、説明を求める権利を保障している。

なお青少年支援に関して敷衍して書くと、連邦家族・老人・女性・青少年省が二〇一六年に策定した連邦青少年計画指針は、青少年支援の重要な課題の一つとして「青少年の参加の促進」を挙げ、端的に次のように述べていることは重要である。

「青少年は参加権を有する。同時に民主主義と市民社会は青少年の参加を必要とする。青少年の参加を創出することは青少年支援の中心的なスタンダードである」。

２　青少年大臣会議の「青少年の政治参加」勧告

二〇〇三年五月、青少年大臣会議は「参加――青少年と共にある政治」と題する勧告を公にした。この勧告は「民主主義は参加することによって生き続ける」、「代議制民主主義は活性化されなくてはならない」との基本的認識の下に、民主主義を確保し発展させるためには「青少年の政治参加」が不可欠であるとして、その必要性と重要性を指摘したものであるが、その骨子を摘記すると、下記のようである。

①　今日、子ども達は家庭外にあっては、幼児教育・保育施設で様々な社会的体験を重ねている。青少年の政治参加を効果的に実現するためには、年齢や成熟度に応じた参加が重要な意味をもつ。それゆえ、青少年大臣会議は幼児教育・保育施設においてもまた、年齢・成熟度に応じて、子どもの参加を実現することに尽力する。

②　青少年団体での協働経験は民主主義の発展にとって重要である。そこで青少年大臣会議は青少年活動において、青少年の多様な参加の可能性をさらに拡充する必要があると判断する。そうすることによって、とりわけ社会的・経済的に不利な状態に置かれている青少年や移民背景をもつ青少年が利益を受けることができる。

③　青少年の社会化にとって、学校での経験は決定的に重要な意味をもつ。そこで授業においてだけではなく、授業外の領域にあっても、生徒が自分たちに強く係わる事柄の決定に

当たって参加を確保し保障することが必要とされる。とくに生徒の学校参加とこれに対する支援を強化することが求められる。生徒の学校教育事項への参加は、学校関係者に「教員・生徒・親の協同の学習・経験過程としての学校」という認識を促すことになる。

④　市町村において、青少年と関係するすべての問題について青少年が参加する仕組みは、これまでの経験により、その有用性が実証されている。青少年の参加はそれが自治体の日常生活の構成要素になって初めて、継続的に実を伴う。そのためには組織的な枠組条件が必要とされる。それゆえ、青少年大臣会議は参加の問題に関して市町村を支援する助言・情報提供・研修施設の拡大に尽力する。

⑤　新たな情報技術は青少年に対し情報を収集し、自分の意見を形成し、参加の可能性を提供する。こうして、市町村段階だけではなく、州段階、連邦段階、さらにはヨーロッパ段階で参加が実現される。青少年のネットは「参加のためのネット」としてその機能が強化されなくてはならない。

3　州憲法による青少年の基本権・参加権の保障

上述した連邦青少年支援法による青少年の基本権と参加権の保障に対応する形で、今日、州レベルにおいても基本的にはほぼ同じような法制状況が見られている。

すなわち、多くの場合、二〇一〇年代に入ってからではあるが、州憲法が「子どもの基本権」それ自体を憲法上明記し、また各州の青少年支援法がこの法域での「青少年の参加権」を明示的に保障するところとなっている。

具体的には、たとえば、バーデン・ビュルテンベルク州においては二〇一五年一二月に憲法が改正されて、下記のような条項が創設された。「青少年は独立した人格として、その尊厳の尊重を求める権利、暴力から自由な教育をうける権利、特別な保護を求める権利を有する」。そして、これに呼応する形で同州青少年支援法が青少年支援の最重要目的は「青少年の自己決定権および自分と係わるあらゆる決定への参加権の強化にある」（一二条）と明記している。

またヘッセン州においても二〇一八年一〇月に憲法が改正されて、次のような子どもの権利条項が新設された（四条二項）。「すべて子どもは保護をうける権利、自己責任的で社会的資質をもった人格への発達に向けた促進を求める権利を有する。子どもに係わるすべての措置に際しては、子どもの福祉が最優先に考慮されなくてはならない。子どもに係わるすべての事柄に関して、子どもの意思が、その年齢と成熟度に応じて、適切に考慮されなくてはならない」。

また青少年の参加権については、同州青少年支援法典が先ず「青少年支援当局は、青少年の発達を促進し、不利益を除去するという任務の遂行に際しては、子どもの権利条約が保障する青少年の権利が尊重されるように努めなくてはならない」（一条）と確認したうえで、「青少年およびその家族は、青少年支援計画およびその他の青少年と係わる地域計画の策定に、適切な方法で参加させられるものとする」（二条）と規定するところとなっている。

さらにメックレンブルク・フォアポンメルン州憲法（一九九三年）は「青少年は独立した人間として、身体的および精神的に粗末な扱いに対して、州、市町村、郡によって保護される。青少年は州ないし市町村の措置によって、搾取や道徳的、精神的、身体的な放置さらには虐待から保護されるものとする」（一四条一項）と規定して、州・自治体の青少年保護義務を確認したうえで、こう書いている（同条四項）。「青少年は、……自律的な行動への伸張する能力と欲求に対応した権利の主体である。州、市町村および郡は青少年の社会への参加を促進しなければならない」。

4　州憲法による生徒の学校参加権の保障

一九九〇年一〇月、ドイツは宿願の再統一を果たし、一六の州からなる連邦国家として装いを新たにした。ドイツ連邦共和国に新たに加わった旧東ドイツ地域の五州においては、一九九二年から翌九三年にかけて州憲法が制定され、また旧西ドイツの学校法制をモデルとして、ドラスティックな学校法制改革が断行された。

そしてここで殊更に注目されるのは、旧東ドイツ五州のうち四州において、「生徒の学校参加」がドイツの憲法史上初めて、憲法によって明記されるに至ったという法現実である。「憲法上の制度としての生徒の学校参加」「憲法上の基本権としての生徒の学校参加権」という位置づけである。生徒法制史上まさに画期的だと評されよう。

たとえば、ザクセン州憲法（一九九二年）は「親および生徒は、選出された代表者を通して、学校における生活と活動の形成に参加する権利を有する」（一〇四条一項）と規定しているし、またテューリンゲン州憲法（一九九三年）も下記のように定めている（二三条三項）。「親、……教員および生徒は、学校制度の形成ならびに学校における生活と活動の形成に際して参加するものとする」。

そして、こうした州憲法による生徒の学校参加権ないし学校参加制度の保障を受けて、これを具体化するために、たとえば、ザクセン州においては学校法が第三章「生徒の参加」の章を設けて、生徒参加の役割・権限・組織などについて具体的に規定するところとなっている。他の州においても同様である。

第3章　青少年の自治体政治・行政への参加

1　市町村自治の憲法上の保障

基本法二八条二項は「市町村に対しては、法律の範囲内において、地域共同体のあらゆる事柄を自己の責任において決定する権利が保障されていなければならない」と規定している。「市町村自治権」の憲法による保障である。この市町村自治権は、州によって若干の違いがあるが、以下で主に取り上げるバーデン・ビュルテンベルク州の場合、自治団体法上、第一義的には市長を議長とする「市町村議会」によって担われる建前となっている。市長は市町村議会のコントロールの下に置かれており、こうして市町村議会は当該市町村の最高議決機関であるとともに、最高行政機関でもあるという性格を併せもっている。

2　市町村段階における青少年の政治・行政参加

こうして市町村はその有する「市町村自治権」にもとづいて憲法上、独自の政治・行政権能を保障されているのであるが、ドイツにおいては一六州のうちの一三州で、この市町村レベルの政治・行政過程への青少年の参加が市町村法上、フォーマルに制度化されているという現実は注目に値する。ただ参加権の強度・参加の態様には州によって差異があり、大きく次のような三様の態様が見られている。

①　自治体は青少年を「参加させなければならない」〈法的義務規定〉として、青少年の参加を自治体に対して法的に義務づけている州で、シュレスヴィヒ・ホルシュタイン州など四州がこの類型に属している。

このような「法的義務規定」の州においては、青少年の権利・利益に触れるにも拘わらず、青少年を参加させないでなされた自治体の決定や措置は、法的拘束力をもたず無効となる。

②　自治体は青少年を「参加させるものとする」〈努力義務規定〉として、青少年の参加について自治体に努力義務を課している州で、ブランデンブルク州など七州がそうである。

このような「努力義務規定」の場合、自治体は青少年を参加させる努力義務を負うに止まり、そこで青少年の参加なしになされた自治体の決定や措置も無効とはならない。

③　自治体は青少年を「参加させることができる」〈自由裁量規定〉として、青少年を参加させるかどうかの判断を自治体に委ねている州で、ノルトライン・ウエストファーレン州など二州がこれに当たる。このような「自由裁量規定」の州にあっては、自治体の政治・行

政過程に青少年を参加させるか否かは各自治体の裁量事項に属しており、したがって、これに関しては違法・無効の問題は生じない。

3　バーデン・ビュルテンベルク州における青少年の政治・行政参加

上述のように、ドイツにおいては多くの州で市町村レベルでは青少年の政治・行政参加がフォーマルに制度化されているのであるが、なかでもバーデン・ビュルテンベルク州はこの領域でもっとも本格的な制度を擁しており、そこで以下ではもっぱら同州だけに絞って言及することとしたい。

(1)　青少年市町村議会の創設

バーデン・ビュルテンベルク州においては、上述のように、市町村議会が市町村自治の基幹的な制度主体として、当該市町村の政治・行政において枢要な地位を占め、重要な役割を果たしているのであるが、この市町村議会を模して、「青少年市町村議会」が設置されている。

すなわち、フランスの青少年委員会やベルギーの青少年議会をモデルとして、青少年市町村議会が一九八五年、ドイツで初めてバーデン・ビュルテンベルク州ワインガルテン市で創設されたのを皮切りに、その後、同州を中心に設置が相次ぎ、そして今日においてはバイエルンなど三州においても設置を見るに至っている。

なかでもバーデン・ビュルテンベルク州にあっては一九九三年に州レベルの上部団体が組織されたこともあって、それ以降、青少年市町村議会を設置する市町村が増加し、二〇一七年現在、八二市町村で設置を見ているという状況にある。

青少年市町村議会創設の意義ないしその役割について、その設置先進州であるバーデン・ビュルテンベルク州政府は二〇〇〇年、州議会における緑の党の質問に対して、下記のように答えている。やや長くなるが引用しておこう。

「青少年市町村議会は青少年の要望を自治体政策に反映させるために有用である。青少年市町村議会は当該市町村における青少年のフォーマルな代表組織である。それは青少年の要望や提案を政治に反映させる可能性を提供するものである。こうして、すべての青少年が社会・公共制度に参加できることになる。

青少年市町村議会はすべての青少年に対して、当該市町村における政治的な意思形成への参加の可能性を保障するものであり、きわめて重要な社会的意味をもつ。

青少年市町村議会は青少年自身によって直接、民主的に選出され、様々な年齢グループや学校種を代表している。青少年は当該市町村において自分達の利益に触れる計画や企画の策定に際して、適切な方法で、これに参加することができる。

議員に選出された青少年は自治体政治について深く洞察し、責任を分有することを学習して、青少年の立場を社会的に代表する。青少年は青少年市町村議会を通して参加の直接的な経験を蓄積すると共に、自治体政治にも参加する。そうすることによって、青少年は民主的な志向性や資質・能力を形成するために不可欠な基礎を培い、責任意識をもって行動することを学ぶことになる」。

(2)　青少年市町村議会の法的根拠と法制度

バーデン・ビュルテンベルク州は二〇〇〇年七月に市町村法を改正して、下記のような条項を加え、青少年市町村議会を法律上のフォーマルな制度として位置づけた。

◎第四一a条〈少年および青年の参加〉

・第一項＝「市町村は少年および青年の利益に係わる計画や企画の策定に際しては、適切な方法で、少年はこれに参加させるべきものとし、青年はこれに参加させなくてはならない。市町村はそのための適切な参加手続を定めなくてはならない。この場合、市町村はとりわけ青少年市町村議会を設置することができる。

・第二項＝「当該市町村の青少年は青少年市町村議会の設置を申請することができる。申請には、住民が二万人未満の市町村では二〇人、住民が五万人未満の市町村では五〇人、住民が二〇万人未満の市町村では一五〇人、住民が二〇万人以上の市町村では二五〇人の、当該市町村に居住する青少年の署名が必要とされる」。

・第三項＝「市町村議会は、青少年に係わる事柄を審議する場合には、議会規則で、青少年市町村議会の議員の市町村議会への参加を認める旨を規定しなくてはならない。その場合、青少年市町村議会の議員には発言権、聴聞権、提案権が保障されなくてはならない」。

・第四項＝「青少年市町村議会に対しては適切な予算措置が講じられるものとする。これについては、市町村議会が予算の範囲内において決定する」。

以上がバーデン・ビュルテンベルク州の青少年市町村議会に関する市町村法上の規定であるが、ここでは、さしあたり、以下の点が重要であろう。

① まず市町村における基本的な政治原則として、市町村は青少年の利益に係わる政策の策定や企画の実施に当たっては、適切な手段・方法によって、なかでも青少年市町村議会を設置することによって、青少年をこれに参加させなければならないとしていることである。

別言すると、青少年は当該自治体における青少年関係事項については、青少年市町村議会を通して、これに関する意思決定過程に権利として制度的に参加することができるということである。

② 青少年は当該市町村に居住する青少年の署名を添えて、市町村議会に対し、青少年市

町村議会の設置を申請することができるとされており、しかもこの場合、必要とされる署名数は比較的少なくなっている。つまり、当該市町村に青少年市町村議会が存在しない場合、比較的容易な要件下で、青少年は自らのイニシアティブで青少年市町村議会の設置を求めることができるとされている。

③　市町村議会が青少年関係事項を審議する場合、青少年市町村議会議員は発言権・聴聞権・提案権を擁してそれに参加できるとされており、青少年市町村議会による制度的参加に加えて、当該市町村の最高議決機関・最高行政機関である市町村議会の意思決定過程にも、青少年代表が参加できる仕組みになっている。

④　青少年市町村議会の活動を財政的に担保するために、市町村議会に対し、これに係わる予算措置を講じる義務を課している。

(3)　青少年市町村議会議員の選挙権・被選挙権

当該市町村に居住する「一四歳以上―一八歳未満」の青少年はすべて青少年市町村議会議員の選挙権および被選挙権を有するとされている。ドイツにおいては、たとえば、公立学校における宗教教育への参加について、一九二一年以降、一四歳以上の子どもにはこれに関する自己決定権が保障されているが〈子どもの宗教教育に関する法律・一九二一年〉――これを「宗教的成熟」と称する――、ここでも選挙権年齢の下限が一四歳と設定されており、子

会である。

どもの人格的自律に係わる問題にアプローチする場合、一四歳という年齢が法制上、大きな区切りとなっていることが知られる。

ここで重要なのは、ドイツ国籍の有無を問わず、外国人にもまた選挙権が認められていることである。既に言及したように、ドイツにおいては国政レベルはもとより、地方自治体レベル〈EU市民は除く〉にあっても、外国人の選挙権は認められていない。青少年市町村議会は外国人に対しても選挙権を保障している、ドイツにおける唯一のフォーマルな議会ということになる。

なお青少年市町村議会議員の任期は二年で、名誉職であり、無償である。

(4)　青少年市町村議会の法的地位・性格

青少年市町村議会は市町村議会によって設置される、自治体レベルの民主的正当性を担保された超党派的な行政法上の機関で、当該市町村において、市長、市町村議会、市町村の行政機関などに対して青少年の利益を代表することを旨としている。

現行法制上、青少年は「自由な意見表明の権利」および「自己の生活に係わるすべての事柄について、その決定に参加する権利」を享有しているが、これらの個人的な権利を実効化するために自治体の政治・行政レベルで行政法上、制度的に具体化したのが青少年市町村議会である。

青少年市町村議会は各年度に六回～一〇回定期的に開催され、会議は公開される。審議するテーマに応じて、非公開の委員会を設置することができる。

なおシュレスヴィヒ・ホルシュタイン州においては、上記青少年市町村議会に相当する「青少年協議会」が法律上、必置機関として位置づけられており、しかも市町村に自治体法上、青少年を参加させる義務が課されていることは、青少年の市町村政治・行政への参加の制度的保障という観点からは注目に値する。同州市町村法（二〇〇三年）は、「市町村における参加」の章で「少年および青年の参加」と題して、下記のように書いているのである。

◎第四七f条第一項＝「市町村は青少年の利益に触れる計画や企画に際しては、適切な方法で、青少年をこれに参加させなければならない。このために市町村は……住民の参加とは別に、適切な手続を定めなければならない」。

・同条第二項＝「青少年の利益に触れる計画や企画の実施に当たっては、市町村は青少年の利益をどのように考慮したか、および第一項に基づく参加をどのよう実現したかを、適切な方法で説明しなければならない」。

(5)　青少年市町村議会の任務と権限

青少年市町村議会はその市町村に居住する青少年にとって重要だと見られる事柄を自ら取り上げ、これについて審議・決定することができる。市長や市町村議会から諮られた特定のテーマについて、その見解を表明するというケースも存している。

青少年市町村議会は通常、下記のような事柄に重点的に取り組んでいるとされる。青少年のためのスポーツ施設や青少年の家などの余暇施設の拡充改善、近距離交通・道路網の整備、自転車道の整備、地域の学校や図書館など公共施設の施設・設備の整備、学校訪問、感染病・暴力・薬物などの予防・啓蒙活動、たとえば、読書会、パーティー、スポーツ行事、夏休みの催し物など各種行事の企画・実施などがそれである。

また政治的な活動としては、市町村議会を構成している各政党員や市長との定期的な意見交換会の開催のほか、国政選挙や自治体選挙に際しては、自らのイニシアティブで政治討論会など各種の催しを開催している。

なお、青少年市町村議会は上記のような事柄について審議し、議会として議決することができるが、もとよりその議決は市長や市町村議会に対して拘束力を有するものではない。あくまで青少年市町村議会としての意思表明に止まる。

第4章　幼児教育法制改革と幼稚園における園児の参加

1　二〇〇〇年代の幼児教育法制改革

ドイツにおいては二〇〇〇年代前半から後半にかけてすべての州で幼児教育法制改革が敢行され、この法制改革によって、一六州のうち一三州において、ドイツ教育法制史上初めて、「幼稚園における園児の参加」が制度化されたという事実は刮目に値する。ドイツはワイマール革命期以降、「生徒・親の学校教育・教育行政運営への参加」の長い伝統を擁しているが、こうした「参加の理論と法制」の基本が二〇〇〇年代に入って幼稚園にも援用されるに至ったのであり、このことは教育法制史上、画期的だと評されよう。このような法制上のフォーマルな「園児の参加制度」は、スウェーデンはともかく、世界的にもほとんど類例を見ないと言えよう。

上記のような改革立法を促した有力なアクターの一つである「ドイツ子ども支援協会」は、その手になる「ドイツにおける青少年の参加権」（二〇一九年）と題するモノグラフィーにおいて、この点に関して、下記のような見解を示している。

「幼稚園期の子どもの吸収能力・学習能力は格別に高い。したがって、この年齢段階で参加を経験し、参加を学習することは重要である。それゆえ、園児は幼稚園における諸決定に規則的に参加させられるべきである」。

「民主主義国家においては、幼稚園における園児の参加は単に子どもの権利であるだけでなく、民主的な生活のための鍵なのであり、さらには子どもの教育の促進と基本的な民主的リテラシーを獲得するための中心に位置する。したがって、幼稚園において子どもにはスタンダードとして参加権が保障され、それは幼稚園法や幼稚園教育大綱の構成要素を成すべきものである。」

「参加が自分自身の事柄に関する主体の権利として捉えられるなら、それは子どもが入学して初めて学校の課題になるのではなく、もっと早期に開始されなくてはならない。幼稚園は、子どもが家庭外で日々、参加の可能性を経験できる初めての公共空間なのである」。

「子どもがその共同決定権を大人の恩恵や判断から独立して行使できて初めて、正当に子どもの参加が語りうる。そのためには、年齢や発達段階に応じた、子どもの幼稚園における決定への参加の制度的な保障と法律上の根拠が必要である」。

「参加は一定の枠組み要件を必要とする。とくに大人が子どもを同権的な主体として扱い、その成長に対する責任を負うということが前提条件である。子どもは固有の人格と考えをもっているからである。幼稚園における子どもの参加はとりわけ大人に対して高いリテラシーを要求する。大人は子どもの参加を可能にし、各州の法律でそれを保障する責任を負っている」。

なお上記の幼児教育法制改革は二〇〇〇年のブレーメン州を嚆矢とし、二〇〇八年のザールラント州をもって終了したのであるが、改革期初期の二〇〇三年五月に青少年大臣会議が「参加——青少年と共にある政治」と題する勧告を公にし、そこにおいて、青少年の政治参加を効果的に実現するために、「幼児教育・保育施設における子どもの参加の実現」を提言したことも、各州における上記幼児教育法制改革に大きな影響を与えたのであった。

以下では、改革立法のうち法構成上、比較的よく整備されたハンブルク州とノルトライン・ウエストファーレン州のそれを取り上げ、その法的構造を具体的に確認しておこう。

2　ハンブルク州の「子どもの監護法」と園児の参加

二〇〇四年に制定されたハンブルク州「子どもの監護法」は先ず、いうところの幼児教育・保育施設には制度上、保育所、幼稚園、学童保育所の区分があることを確認したうえで、幼稚園の任務についてこう書いている。

「幼稚園は社会的な教育施設として、子どもの年齢と発達段階に応じた教育を提供することによって、家庭における子どもの教育を促進し、補充し、支援する。その際、幼稚園は子どもの個性を尊重しなくてはならない。

幼稚園は子どもの身体的・精神的発達を促進し、社会的な資質・能力の発達を支援し、社会的な不利益を可能な限り除去するものとする。

幼稚園は教育目的を設定し、子どもの学習リテラシーの発達を支援する。教育活動の内容と形態は子どもの発達段階に応じ、しかも子どもの生活状態を考慮したものでなければならない。子どもには、その運動的、言語的、社会的、芸術的および音楽的な能力を発達させる十分な機会が与えられなくてはならない」。

これを受けて、幼稚園の教育目的として、具体的に下記の六点を挙げている。

① 子どもに自分の文化的アイデンティティー、言語、文化的な価値および他の文化に対する尊重を習得させること。

② 自由社会における、および協調、平和、寛容、性・人種・国籍・宗教的・社会的グループ間の同権の精神において、責任を意識した生活に向けて準備すること。

③ 子どもに自然環境に対する尊重を習得させること。

④ 障害のある子ども・ない子どもとの共生を促進すること。

⑤ 子どもに自分の身体についての基本的知識を習得させること。

⑥　子どもを基礎学校への就学に向けて準備すること。

そして、上記のような幼稚園の任務と教育目的を達成するためには、幼稚園職員の専門職化が必要であるとの認識から、「幼稚園職員の専門的研修」と題して、次のような定めを置いている。

◎三条一項＝「ハンブルク市は施設の設置者と協力して、幼稚園の教育専門職員が不断に変化するその職務への要請に、養成と研修によって十分に対応できるように、その準備と支援を行う」。

◎同条二項＝「そのために、青少年局に幼稚園職員の資格保証委員会を設置する」。

◎同条三項＝「幼稚園の職員は研修することが求められる。幼稚園設置者は職員の研修への参加を可能にしなければならない」。

幼稚園職員の研修義務と州・行政当局の幼稚園職員の養成・研修に係わる条件整備義務を規定した本条は、本法が下記のように書いて「子どもの促進を求める権利」を明示的に保障しているのに対応するものである。

◎六条一項＝「すべての子どもは満一歳から入学するまで幼児教育・保育施設に就園する権利を有する。この権利は、子どもの住居から適当な距離に存在する幼児教育・保育施設において、週に五日、各五時間、教育専門職員によって監護され、教育されることによって充足される」。

以上を受けて本法は、「子どもと親の参加」と銘打って新たに独立の章を設け、まず幼稚園における園児の参加について次のように定めている。

◎二三条一項＝「幼稚園における教育活動は、子どもがその発達の可能性に応じて、教育・監護活動の形成に積極的に参加できるように形成されるものとする」。

◎同条二項＝「子どもは幼稚園において、施設の活動に参加する。子どもには、幼稚園の職員の中から信頼する人物を決める機会が与えられるものとする。この職員は子どもの利益を旨として、親の代表組織に助言権を擁して参加する」。

ここでは、幼稚園は教育活動を行うに際して、子どもを単に教育や保護の対象として捉えるのではなく、より積極的に教育活動やその他の幼稚園の活動に積極的に参加させるべきであること〈参加権の主体としての園児〉、また「子どもの利益の確保」を旨として、子どもには自らの利益の擁護者として、「信頼する職員」を選出する権利が保障されるところとなっている。

続いて、憲法上、始源的教育権者として位置づけられている親（基本法六条二項）について、下記のように規定して、「親の教育権」の具体的内容として、幼稚園の職員と面談する権利や幼稚園における子どもの状況について知る権利を保障している。

◎二四条一項＝「幼稚園は子どもの配慮権者〈親を指す、筆者〉に対して、子どもの発達状態、特別な関心や才能および子どもの促進のために計画している措置について、教育職員との個別面談の機会を提供するものとする」。

◎同条二項＝「子どもの配慮権者は少なくとも毎年二回、『親の夕べ』〈親と園長・幼稚園教育士との懇談・討議の会、筆者〉において、自分の子どもが属するグループの状況について報告を受けるものとする」。

そして、これを受けて、親の教育参加権を制度的に担保するために、父母集会や父母委員会などの親の代表組織を制度化し、これらの組織の役割と権限について定めているのであるが、なかでも父母委員会の権限として下記のように規定していることは重要である。

◎二四条四項＝「父母委員会は子どもと配慮権者の利益を幼稚園およびその設置者に対して代表する。父母委員会は幼稚園において重要な決定がなされる前に、それについて報告を受け、聴聞されるものとする。教育上のコンセプトの変更、施設の部屋や設備の変更および職員の任用範囲の変更などがこれに該当する」。

ドイツでは家族法上、「縮減・弱化する親の権利――伸張・強化する子どもの権利」の法原則が存しているが、「幼稚園における子ども・親の参加」についてもこの原則が妥当し、幼稚園段階において親の参加権が子どものそれに原則的に優位することは蓋し当然であろう。

3　ノルトライン・ウエストファーレン州の「子どもの早期教育に関する法律」と園児の参加

二〇〇七年に制定を見たノルトライン・ウエストファーレン州の「子どもの早期教育と促進に関する法律」は、法律名が示している通り、子どもの早期教育の重要性を強く意識して制定された法律であるが、「子どもの早期教育」と銘打った条項で、幼稚園の役割・教育目的を次のように謳っている。

◎一五条一項＝「幼稚園における教育は、子どものこれまでの生活経験を基盤とした、子どもとその周囲の人々との積極的な係わりである。それは、一方における子ども自身の直接的な認知による自己教育と、他方における周囲の人々の影響との相互的な関係での建設的な過程である。そこにおける教育は……子どもを自律的な人格への発達と社会的なリテラシーの獲得へ向けて促進することを目指すものとする」。

◎同条五項＝「幼稚園における教育は、すべての子どもがそれぞれの様々な適性と生活状態を承認し、積極的な関係を構築し、相互に支え合い、公共心と寛容を身につけ、異文化理解のリテラシーが強化されるように貢献するものとする」。

上記のような一般的な目的規定を受けて、それでは具体的に幼稚園における教育活動をどのように展開すべきかについては、下記のように書いている。

◎一五条二項＝「幼稚園における教育活動は、子どもとその家族の様々な関心と生活状態を考慮して行われるものとする。そこでの教育は子どもが知識とリテラシーの他に、心構えを発達させることができるように形成されなくてはならない。幼稚園の教育職員は、子どもが新たな経験や学びの機会を得られるように、子どもに自由と余暇と時間を与える環境を創造しなくてはならない。職員は子どもに対して自由で年齢相応の経験をさせ、子どもの学ぶ喜びとモティベーションを支援し、子どもが積極的かつ集中して自分自身および周囲の人々と係われるようにする責任を負う」。

◎一五条三項＝「幼稚園は、子ども自身の活動を基盤とし、子どもの運動的、感覚的、情緒的、美的、認知的、創造的、社会的および言語的な発達を促進する多様な教育の可能性を提供し、また他者との出会いや議論の場を提供する。幼稚園において教育活動を形成するための基本的な出発点は、子どもの得手、関心、ニーズである」。

そして右記のような幼稚園の役割・教育目的に続いて本法は、これと本質的に関係する制度として「幼稚園における園児の参加」を取り上げ、こう述べる。

◎一六条一項＝「幼稚園における教育活動は、子どもの同権的な社会参加の能力を育成するとともに、民主主義についての基本的な理解の発達を目ざすものとする。それゆえ子どもは、その年齢・発達段階・必要に応じて、幼稚園における日常の形成に参加させられるものとする。幼稚園の教育職員は、子どもに係わるすべての事柄に、年齢および発達段階に応じて、子どもを参加させるものとする」。

幼稚園の重要な役割・教育目的は子どもの社会参加能力と民主主義に関する基本的な理解の育成にあり、この役割・教育目的から幼稚園における園児の参加が導かれる、という構成である。

そして、子どもの参加権を制度的に担保するために、参加手続と異議申立て手続の整備・確立を促して、こう規定している。

◎一六条二項＝「子どもの福祉と権利を保障するために、幼稚園においては、適切な参加手続と個人的な事項に関する異議申立ての可能性が整備されるものとする」。

以上がノルトライン・ウエストファーレン州の子どもの早期教育に関する法律の規定であるが、これを受けて同州では「教育・大綱計画」が策定されており、そこにおいて教育活動に関する子どもの権利と参加は就学前教育の重要な原則の一つとして確立されているとして、下記のように記されている。

「子どもの権利と参加は〇歳から一〇歳までの子どもの、就学前教育と初等教育の原則として採用されている。その際、社会参加が教育の基本目的として妥当している。子どもは民主主義社会における将来の生活に向けて準備するために、彼らの権利について知らされ、決定過程への関与を可能にし、価値評価、相互尊重、多様なものとの交流を体得させ、持続的な行為のための意識や健康を意識した生活を送れるように教育されなくてはならない」。

そして、幼稚園においてこのような教育活動を行う前提として、教育職員には「子どもを『保護を求める権利・促進を求める権利・参加する権利』の固有の主体として尊重しなければならない」との職務上の義務が課せられるところとなっている。

さらに園児の参加組織としては、「生徒の学校参加制度」を模して、子ども会議、クラス会議、子ども議会、子ども集会などを制度化し、これらの組織を通して、「子どもは日々の決定への参加を経験し、……その過程において自己決定権と参加の意味を認識する。子どもへの責任の移譲と子どもの参加……よってこのことが達成できる」としている。

ここで重要なのは、自己決定権という概念を園児にも援用し、この自己決定権を担保し、現実化する制度的な手段として園児の参加と園児への権限の委譲を捉えているということである。

第5章　生徒の学校参加の法的構造

1　生徒代表制の法的地位・性格——学校の基幹原則としての生徒の学校参加

文部大臣会議は一九六八年の「生徒の共同責任」に関する決議で「生徒の共同責任は学校の基幹的な原則をなしている」ことを確認した。そこでこれを踏まえて、現行学校法制上、すべての州において、下は学級段階から上は州レベルまで、「生徒代表制」が学校組織の一部として組織化されている。こうして生徒代表制の活動は学校の活動とみなされ、したがって、それは学校の責任領域に属するとされている。

生徒代表制の活動は原則として、授業時間外に行われる。ただ、たとえば、ザールラント州学校参加法が「生徒代表制の機関は一ヵ月に二授業時間まで授業時間内に会合することができる」と明記しているように、事情によっては、授業時間中においても活動することができるとされている。生徒代表制の活動が校外で行われる場合でも、それは事前に校長の許可を受けていれば、学校の活動とみなされる。

このような生徒代表制の法的地位・性格から、その活動をめぐっては、具体的に以下のことが導かれることになる。

① 生徒代表制の活動は法規に違反してはならないばかりか、学校の教育責務や教育目的と一致するものでなければならない。したがって、たとえば、基本法の基本的な理念と相容れない生徒団体や同好会を創設することはできない。

② 生徒代表制の活動で学校の施設・設備が利用される場合には、校長は許可制を敷くことができる。

③ 生徒代表制の活動が所定の要件を充足していない場合は、校長はこれを禁止することができる。

④ 生徒代表制の活動は学校の責任領域に属するから、これについては学校の監督義務が発生する。ただこの場合、「自己の責任に基づく行動への教育」という学校教育の目的に照らし、生徒代表制には可能な限り広範な自由領域が保障されなければならない。

⑤ 生徒代表制に係わる経費は、学校設置者や州が支弁する義務を負う。

2 生徒代表制の役割と権限――生徒の権利・利益の確保

(1) 生徒の利益代表

生徒代表制の役割ないし権限はとくに一九七〇年代以降に拡大・強化されて、今日においてはきわめて広範かつ多岐に亘っているのであるが、それは大きく次の三領域に区分することができる。学校の教育活動の促進、学校の教育目的の実現に際しての参加および校長・教員・教育行政機関などに対する生徒の利益代表がそれである。

このうち歴史的にも、今日においても、生徒代表制としてもっとも重要な役割は校長・教員・教育行政機関との関係において生徒の権利や利益を確保し、それを代表することにある。

具体的には、たとえば、下記のような事項に関する役割や権限がこれに属する。

生徒の校長・教員・教育行政機関などに対する各種の要望・要求の提出、教育行政機関に対する情報請求や校長に対する異議の申し立て、授業の計画・内容・形成や教材・教具の選定に際しての参加、学校管理規則や校則の制定への参加、学校における日常生活の規律保持、特別な行事の実施などに際して生徒を代表しての権利行使、生徒と学校との間でコンフリクトが生じた場合や生徒が懲戒処分を受けた場合に、当該生徒の権利の擁護、生徒の対社会的な利益の確保。

生徒代表制の権限については各州の学校法がそれぞれの事柄に即して個別・具体的に定めているが、州によって一様ではなく、生徒代表制に共同決定権を保障しているヘッセン州においで、もっとも広範かつ強度なものとなっている。

(2)　生徒代表制自らが設定する役割や活動

生徒代表制は上述したような法定された役割や権限に加えて、自らが独自の役割や課題を設定し、これを遂行することができるとされている。

このような生徒の利益代表制の独自設定に係る活動としては、通常、つぎのようなことが実施されている。各種行事の実施、生徒団体や同好グループの設立、生徒新聞の編集と発行、生徒に対する支援活動、国際交流の促進、社会的な支援活動の促進、環境保護活動への参加、発展途上国への支援活動などである。

(3)　生徒代表制と政治的教育活動

生徒は学校においても「結社の自由」（基本法九条一項）を当然に享有しており、そこでこの自由にもとづいて、学校において「政治的な生徒団体」を結成し、活動することができるとされている。

それではすべての生徒の強制加入組織・利益代表組織である生徒代表制の場合はどうか。ここで注目されるのは、シュレスビッヒ・ホルシュタイン州学校法が「生徒代表制の本質と任務」と題して、「生徒代表制は学校の一部をなしており、生徒に対して学校に係わる事項に協同的に参加する可能性を与える」と書いたうえで、「生徒代表制の活動は政治教育にもまた資するものである」と明記していることである。生徒代表制に対する「政治的な教育活動を行う権利」の保障である。

そして生徒代表制のこのような権限は、学校法による明示的な保障を欠く州においては、生徒代表制のつぎの二様の役割から導かれるとするのが、学校法学の支配的見解である。一つは、生徒の専門的、文化的、スポーツ面での関心などとともに、生徒の政治的な関心を助長・促進し、また学校政策上の関心事を担うという役割である。他は、「自律的で成熟した責任ある市民への教育」という学校の教育目的の実現に向けて、生徒代表制自らも自己教育的にこれに参画するという役割である。

ただ生徒代表制が「政治的な教育活動を行う権利」を有するとはいっても、その行使に際してはつぎのような制約が伴うとされる。

既述したように、生徒代表制は「学校組織の一部」を構成しているのであり、したがって、政治的な問題に関しては学校と同じく、中立性を保持しなくてはならず、またすべての生徒の強制加入組織として、その活動は学校の教育責務の範囲内に止まらなければならない。また見解が対立する争論的な政治テーマについては、生徒代表制は生徒総体の名において自らの見解を表明してはならない。そうすることは異なる見解をもつ生徒の個人的自由領域に不当に介入することになるからだとされる。

詰まるところ、生徒代表制は「一般的な政治的委任」は受けていないということであり、この点を確認的に明記している学校法も見られている。

なお、この問題はドイツ教育審議会の一九七三年勧告「教育制度における組織および管理運営の改革」の審議過程においても深刻な論議を呼び、また一九七〇年代を通して学説上争論的なテーマであったが、連邦行政裁判所の一九七九年の判決によって一応の決着を見るに至った。この判決は学生自治会について「一般的な政治的委任」を否定したものであるが、支配的な学校法学説によれば、そこで提示された基本的な法理は生徒代表制にも妥当すると解されたのであった。

このように今日においては、学説・判例上、生徒代表制に対する「一般的な政治的委任」は否定されているのであるが、しかし学校法学の通説によれば、生徒とより直接的に関係する「学校政策上の事柄」については、生徒代表制は生徒総体の名においてその対応を委任されており、したがって、この領域の事柄については生徒代表制としての見解を表明することができる、つまりは、「学校政策上の委任」は受けていると解されており（シュタウペ「学校法A―Z」）、また現行法制上もこの点を明記している学校法も見られている。たとえば、ノルトライン・ウエストファーレン州学校法は「生徒代表制は……学校の教育責務の範囲内で、学校政策上の関心事を担うことができる」と書いている。

つまり、生徒代表制は個々の学校における各種の措置・決定はもとより、ひろく学校制度の有りようや学校政策一般について批判的見解を表明したり、各種の提案を行う権利を有しているということである。

3　生徒の学校参加の態様——協同的参加と共同決定的参加

(1)　生徒の協同的参加＝生徒代表制に対する協同権の保障

生徒の学校参加の態様は、表現を代えると、生徒の学校参加権の種類は、大きく以下の二つのカテゴリーに分かれている。一つは、協同的参加ないしは諮問的参加とでも称すべきもので〈協同権の保障〉、他は共同決定的参加〈共同決定権の保障〉である。

前者の協同的参加は、具体的な権利の種類に即していえば、「知る権利」、「聴聞権」、「説明を求める権利」、「提案権」および「異議申立て権」に区別できる。

「知る権利」は他のすべての生徒の権利ないし学校参加権行使の前提をなしており〈情報なければ参加なし〉、通説・判例によれば、この権利は基本法二条一項が謳う「自己の人格を自由に発達させる権利」から導かれる具体的権利であると解されている。したがって、教育行政機関・学校・教員が黙秘しこの権利に応えないことは、生徒の人格を自由に発達させる権利の侵害として違憲となる。

現行法制上、生徒の知る権利ないし報告を受ける権利の対象は広範囲に及んでおり、たとえば、ハンブルク州学校法（一九九七年）は「教育権者（親を指す・筆者）と生徒の知る権利」と題して、「生徒とその教育権者はすべての重要な学校事項について報告を受けるものとする」と書き、その例として具体的に下記のような事項を摘記している。

教育制度の構造と編成、学校種間の移動、入職を含む卒業と資格制度、授業の計画と形成に関する原則、授業内容・授業目的および進級を含む成績評価の原則、自分の成績や学校における行動に関する評価、生徒の参加の可能性などである。

また生徒の知る権利はさらに積極的に生徒個人の試験・成績・評価に関する書類その他の、生徒の権利領域や法的地位に触れる文書を閲読する権利・記載内容について訂正を求める権利なども導くと解されている。

以上述べたことは、個々の生徒の「個人的な知る権利」についてであるが、この生徒の個人的な知る権利を前提としたうえで、集団的な学校事項に関しては生徒代表制に「集団的な知る権利」ないし情報請求権が保障されている。

たとえば、ヘッセン州の生徒代表制に関する規程は「校長に対する情報請求権」と銘打って、「校長は学校生活におけるすべての本質的な事項について生徒評議会に報告するものとする」と規定するところとなっている。

つぎに「聴聞権」としては、上は州レベルの教育政策から下は学校・学級段階での、生徒の法的地位や権利領域に触れる重要な決定に際しての聴聞される権利や説明を求める権利、生徒懲戒に際しての聴聞権が重要な位置を占めている。

現行の規定例を引くと、たとえば、ヘッセン州学校法（一九九七年）は文部省が「教育目的や教育課程、上級学校への入学、教材・教具の選定などに関する一般的規程を定立する場合には、州生徒評議会は聴聞されなくてはならない」と書いており、またハンブルク州学校法にも「生徒ないし教育権者は学校の懲戒措置の前に聴聞されるものとする」とある。

また「提案権」は学校や教育行政機関に意見や要望・要求を提出する権利、それらの決定に対して態度表明をする権利を内容としている。

たとえば、ヘッセン州の前記規程は、学校会議と教員全体会議の権限事項のうち、生徒評議会の同意ないし聴聞を要する事項については、生徒評議会に校長に対する提案権を容認するところとなっている。

さらに「異議を申し立てる権利」は基本法一七条が保障する請願権に基づく権利で、教育行政機関や学校の措置・決定によって権利を侵害された場合に、当該機関や校長に対して当該措置・決定の取消しを求めることができる権利である。

この権利は個々の生徒だけではなく、生徒代表制も有しており、たとえば、ヘッセン州においては生徒評議会に対して、校長への意思表示が不調に終わった場合、州の学務局への異議申立て権を明示的に保障している。

以上のような協同的参加〈協同権の保障〉ないし諮問的参加は、今日すべての州で法的保障を受け制度化されている。

(2)　生徒の共同決定的参加＝生徒代表制に対する共同決定権の保障

他方、後者の共同決定的参加〈共同決定権の保障〉——生徒代表制の同意がなければ、教育行政機関や学校の決定は法的には成立しえないということ——であるが、ドイツにおいて生徒の学校参加制度がきわめてよく整備されているとはいっても、このような強力な権利が保障されているのは、現在のところ、ヘッセン州においてだけである。

同州では州憲法によって親の公教育運営への参加権が憲法上の基本権として保障されており、これを受けて父母協議会は各種の学校事項について共同決定権を擁しているのであるが、生徒の参加制度も親の参加制度とほぼパラレルに法制化されている状況にある。

すなわち、同州では以下に掲記する学校会議および教員会議の決定は、学校父母協議会だけではなく、「生徒評議会」の同意が必要であるとして、生徒評議会にこれらの事項に関する共同決定権を保障しているのである。換言すれば、生徒評議会は下記の事項の決定に際して拒否権を有しているということである。

つまり、同州学校法は学校会議の権限事項として一一項目を列挙しているのであるが、そのうちの学校プログラムの策定、自由参加の授業の実施、終日教育への参加義務に関する原則の決定、促進段階の設置、宿題と学級活動に関する原則、学校実験の実施、授業およびその他の教育活動への親の参加に関する原則などについての決定がそれに属する。

また教員会議の権限とされている一七事項のうち、下記の事項に関する決定に際しては生徒評議会の同意が必要とされている。教科の学習領域への統合、基礎学校で導入する外国語の選定、促進段階・総合制学校・基幹学校・実科学校の授業における習熟度別編成に関する決定、がそれである。

かなり重要な学校教育事項、それも生徒と直接関係する事項が生徒評議会の共同決定権事項とされていることが知られる。

4　生徒代表制の組織

(1)　生徒代表組織の種類

生徒代表制の組織は州により、また学校種や学校段階によっても異なり一様ではないが、現行法制上、その基本的な構造はおおむね以下のようになっている。

改めて書くまでもなく、生徒の学校参加は一定の成熟度・判断能力を前提とするから、「参加」の範囲および強度は年齢段階に即して構築されており、また促進学校（わが国の特別支援学校に当たる）にあっては障害の種類や程度によって、通常学校におけるのとは異なる仕組みになっている。

生徒代表制が学校の組織として制度化されるのは、もっとも早いベルリン州では基礎学校の三学年（八歳）からで、ブランデンブルク州が四学年でこれに次ぎ、ヘッセン州やバイエルン州など七州が五学年からとなっている。それ以前の段階では学級担任が若干名の児童をクラスの係として指名する。

生徒代表制の組織的な基礎単位は各学級で、まず各学級における秘密投票で学級代表を選出する。任期は一年間で、ベルリンなど四州では学級代表は二人となっている。ただギムナジウム上級段階のようにクラス別に編成されていない場合は、各学年の生徒数に応じて、学年代表を選出する。

生徒代表を選任するに際しては、男女平等の原則を踏まえなければならず、また外国人生徒のために一定数を確保しなければならないと定めている州もある。

こうして選出された学級代表ないし学年代表の全員で各学校の全体生徒代表制を構成する。そして全体生徒代表制はその成員の中から秘密投票で学校代表を選出する。ただ州によっては学校代表の選出は当該校の生徒全員による直接投票としているところもある。

以上のような学校レベルの組織を基礎として、その上部組織として行政レベルごとに、地区生徒評議会、郡・市生徒評議会および州生徒評議会が制度化されている。これら上部組織の役割は各学校の生徒代表制の活動を支援し、生徒の利益を確保することにある。そこで各段階の教育行政上の重要な決定に際して、それぞれ聴聞権が保障されるところとなっている。

(2) 生徒代表と選挙人の関係

生徒代表制は生徒の自治組織であるから、選出されたいずれの段階の生徒代表もその就任につき校長の承認は必要ではない。また選挙人である生徒の委任や指示にも拘束されない。つまり、生徒代表と選挙人である生徒との間には「命令的委任」は存在しないということであり、生徒代表はその任務を自律的に遂行する権限を有している。

この点について、たとえば、ザールラント州学校参加法(一九七四年)は「生徒代表はその任務の遂行に際してただ現行規定にだけ拘束され、委任や指図には拘束されない」と明記しており、またヘッセン州の生徒代表制に関する規程もこう書いている。「生徒代表はその決定に際して自由であるが、しかし生徒全体に対して責任を負う。生徒代表はその活動に関して生徒に報告する義務を負う。学校生徒代表は生徒集会で報告するものとする」。

なお一般の生徒は代表を選出するだけではなく、各人が直接参加できる組織として、学級、学年、学校の各段階の生徒集会が一一州で設けられている。

(3) 調整・助言教員の配置

生徒代表制の活動と係わって注目されるのは、すべての州で「調整・助言教員」という制度が設けられていることである。調整・助言教員は各学校の生徒代表制が当該校の教員の中から直接選任する職制で、その任務は生徒代表制に対して助言や支援を行い、また生徒、教員、校長間における意見の相違やコンフリクトを調整することにある。生徒代表制の組織上の自律性に鑑み、これに対する監督権や命令権はもたないとされていることは重要である。

5 学校会議への生徒代表の参加――教員・親・生徒の同権的参加の保障

(1) 学校会議の創設と拡充

ドイツにおいて「学校会議」を最初に導入したのはブレーメン州で、一九六〇年代末の学生・生徒による「大学・学校の民主化」要求を背景に、一九六九年に制定された「共同委員会に関する規程」によってである。ここにいう共同委員会は「学校の自治」を担うべく既存の教員会議、父母協議会および生徒代表制にくわえて、これらの組織の機能的な統合機関として構想されたもので、教員代表、親代表、生徒代表の三者同数によって構成されていた。

ただこの場合、教員会議は三分の二の多数決によって、共同委員会の決定を廃棄できるとされていたが、その基本的な制度理念は学校におけるすべての当事者の同権的参加の確保・保障にあった（L. R. ロイター『民主的な学校組織原理としての参加』一九七五年）。

一九七〇年代に入って学校会議は次第に拡がりを見せていくのであるが、その契機をなしたのは一九七三年のドイツ教育審議会の勧告「教育制度における組織および管理運営の改革」であった。この勧告は別名「学校の自律性と学校参加の強化」勧告と称せられるもので、その文脈において学校会議の性格や位置づけについて、大要、つぎのように提言したのであった。

「学校会議は学校における意思決定の中枢であるべきである。機能的な組織であるために、原則として、それは一五人から二五人のメンバーで構成される必要がある。代議制の会議として、学校会議には生徒と親の代表がそれぞれ三人～五人含まれなくてはならない。学校会議においては教員が意思決定の中核的な担い手でなくてはならない。学校の中枢的な決定機関として、教員・親・生徒の三者同数代表制は認められない」。

ドイツ教育審議会の右の勧告を受けて、一九七〇年代前半に「学校の自律性」「学校参加」の拡大・強化を旨とする学校法制改革が各州で行われたのであるが、一九七三年のハンブルク州を皮切りに、この法制改革によって学校会議を創設する州が相次ぎ、こうして、一九七六年の時点では、旧西ドイツ一一州のうち、ブレーメンやザールランドなど七州において学校会議が法制度化を見るに至っていた。

また一九八一年にドイツ法律家協会が公刊し、その後の各州における学校法制改革に多大な影響を与えた「州学校法案」も、「学校会議」と題して条文を起こし、学校会議の組織目的や権限について「学校会議は学校における教員、親、生徒の協同に資するものとする。学校会議は学校のすべての重要事項について審議し、また意見の対立を調整するものとする」と規定したうえで、学校会議の権限と構成についてかなり詳細な定めを置いたのであった。

その後、一九九〇年のドイツ統一を経て、旧東ドイツ地域の五州では一九九二年から九三年にかけて、旧西ドイツの学校法制をモデルとしてドラスティックな学校法制改革が行われた。また旧西ドイツ諸州においても、一九九〇年代半ばから後半にかけて「学校の自律性の強化」を旨とした法制改革が行われたのであるが、こうしたドイツ各州における一連の学校改革立法によって、学校会議は学校組織法上に中核的な地位を獲得するに至るのである。とりわけ学校会議が「学校プログラム」の策定権限をもつに至ったことは、学校組織・権限関係上、その地位を一段と強化するものであった。

こうして、現行法制下においては、学校会議は校長、教員会議と並ぶ学校の重要な管理運営機関・意思決定機関として――生徒の観点から捉えると学校経営への参加・共同決定機関として――、ザクセン・アンハルト州を除くすべての州において設置されているという状況にある。

⑵　学校会議の構成

学校会議は教員・親・生徒の同権的な共同責任機関としてこれら三者の代表によって構成されているが、三者の構成比は州によって一様ではなく、現行法制上、以下の三類型に分かれている。

①　教員代表が「親代表＋生徒代表」よりも多い州（二州）。

②　教員代表と「親代表＋生徒代表」が同数の州（三州）。

③　教員代表、親代表、生徒代表の三者の代表が同数の州（一〇州）。

先に触れたように、ドイツ教育審議会の一九七三年年勧告は、学校の中枢的な決定機関である学校会議が教員・親・生徒の三者同数代表制を採ることに強く反対していたのであるが、上記③にあるように、現行法制下においては教員・親・生徒の三者同数代表制が一五州中（ザクセン・アンハルト州は未設置）の一〇州を占めるに至っている。

「三者同数代表制学校会議」の例を具体的にハンブルク州について見ると、同州の学校会議は議長を務める校長の他に、教員代表、親代表、生徒代表が生徒数三〇〇人以下の学校では各三人、三〇一〜八〇〇人未満の学校では各四人、八〇〇人以上の場合は各五人で構成され、それぞれ教員会議、父母協議会、生徒代表制を母体として選出されることになっている。

なお校長は学校会議の議長を務めるが、その構成員としての位置づけは教員グループに含める州もあれば、発言権は有するが議長の任だけに止める州も見られている。

(3)　教員・親・生徒の三者同数代表制学校会議の合憲性

このように現行法制上、一〇州において学校会議の三者同数代表制が採られているのであるが、しかしこの制度をめぐってはその合憲性について学説・判例上、見解の対立が見られている。

憲法上の争点は、果たして教員・親・生徒の三者同数代表制の学校会議に基本法が要請する民主的正当性があるのか、という点にある。学校法学の支配的見解および判例は合憲説の立場に立っている。たとえば、学校自治研究で知られるF.フーフェンはこの問題について以下のように述べている（F.フーフェン『三者同数代表制学校会議の合憲性について』）。

「三者同数代表制の学校会議の権限について憲法上の疑義は存しない。基本法が要請する民主的正当性の評価に際して重要なのは、学校会議の参加の下で成立した決定が、国家による責任のヒエラルヒーに組み込まれた決定主体の最終的な決定権を留保しているか、ということにある。

学校会議による決定については、教育行政機関や校長の命令権や異議申し立て権が保障されており、この要件は充たされている。学校会議に対する規制的権限を総合的に捉えると、学校会議の民主的正当性は総体としては確保されていると言える」。

判例では、ヘッセン州学校法が定める学校会議の合憲性が争われた事件で、ヘッセン州憲法裁判所（一九九五年）は下記のように述べて、学校会議の民主的正当性を肯定し、これを合憲としている。

「学校会議は教員、親、生徒が協同する学校自治の機関である。しかしそれは本件申立人が主張する見解とは異なり、国の行政から分離した、議会に対して責任を負わない、独立した委員会ではない。学校会議は学校の機関として、他のすべての行政機関と同じく、国の専門監督に服している。専門監督上の措置による介入とともに、学校会議の決定に対する校長の異議申し立て権も保障されている。つまり、教育的に疑義の有る学校会議の決定に対してはいつでも介入できることになっている」。

これに対してT．ベームはいわゆる集団的大学における教授・助手・学生の三者同数代表制度の合憲性に関する連邦憲法裁判所の「大学判決」（一九七三年）を踏まえ、教員の法的地位と教職の専門職性を根拠として、三者同数代表制の学校会議はもとより、生徒代表と親代表とで教員代表を上回る学校会議を厳しく批判して、つぎのような見解を示している（T．ベーム『学校法概説』一九九五年）。

「三者同数代表制の学校会議に教育活動に関する重要な決定を委ねようとするのであれば、集団的大学における代表構成について連邦憲法裁判所が示した限界を尊重しなければならない。それによれば、各グループの代表の比重は資格、職分、責任、所属期間に係っているとされる。

教員はその教育的・専門的な資質や能力、学校との長期にわたる関係、教育責務の遂行に対する責任において、親や生徒とは本質的な違いがある。それゆえ、教育活動に係わるすべての決定に際して、教員が決定的な比重を占めなくてはならない。

いうところの三者同数代表制は、その権限が広範に勧告権に限定され、教員を法的に拘束しない決定だけを専らとする学校会議についてだけ妥当しうる余地があろう」。

(4)　学校会議の役割と権限――学校の協同機関から最高決定機関まで

学校会議の法的性質や権限は州によってかなり異なっている。たとえば、バイエルン州のように、調整・意見表明・聴聞・勧告権をもつにすぎないとしている州もあれば、ハンブルク州のように学校の最高審議・決定機関として位置づけている州も見られている。

ちなみに、ハンブルク州学校法（一九九七年）はこう明記している。

「①　学校会議は学校自治の最高審議・決定機関である。学校会議は生徒、親、教員……の協同を促進するものとする。

②　学校会議は、学校のすべての重要事項について審議し、……それらについて決定する」。

そしてこれを受けて同州においては、下記の事項が学校会議の決定事項と法定されるところとなっている。学校プログラムの策定、教育活動の評価、統合学級の設置、実験校や終日学校の導入、学校名の決定、校則の制定、課外活動の原則、授業やその他の学校活動への親の参加に関する原則、クラス旅行や学校行事に関する原則、学校内における生徒団体の活動に関する原則、学校の目的外使用に関する原則などがそれである。

学校会議の決定権限がもっとも広範な領域に及んでいるのはシュレスビッヒ・ホルシュタイン州で、同州学校法によれば「学校会議は……学校の最高決定機関である。校長は学校会議の決定を実施するものとする」とされ、その決定権事項として学校における教育活動の原則の定立、学校プログラムの策定、教科書の採択と教材・教具の選定の原則の定立など、きわめて重要な学校事項が二八項目に亘って具体的に列挙されている。

このように、学校会議の権限はきわめて広範かつ強力なのであるが、そこでこれに対しては校長に異議申し立ての権利・義務が法定されるところとなっている。すなわち、ブレーメン州学校行政法（二〇〇五年）も明記しているように、校長は学校会議の決定が法令に違反していると見られる場合、ないし学校会議の決定を責任をもって実施できないと考える場合には、学校会議に異議を申し立てなければならない。学校会議が次回の会議でもその決定を維持した場合には、校長は遅滞なく教育行政当局の最終的な決定を求めなくてはならないとされている。

ところで、既に言及したように、ドイツにおいてはとくに一九九〇年代半ば以降、いわゆる「学校の自律性」が一段と拡大・強化されたのであるが、その一環として各学校はそれぞれ「学校プログラム」を策定する権利を有し、義務を負うこととなった。各学校はそこにおいて教育活動の目標・重点・組織形態などそれぞれの学校のプロフィルを確定し、提示しなければならないのであるが、この学校プログラムの策定が多くの州で学校会議の権限とされたことにより、学校会議は学校組織上、ますます重要な位置を占めるに至った。

そしてこの文脈において、今日、重要な法的課題になっているのは、憲法上の諸原則との緊張において、はたして学校会議は「学校の自律性」に依拠して、学校プログラムでいかなる学校教育事項をどの程度まで規定できるか、という問題である。

これについて、指導的な学校法学者・H.アベナリウスは先ず原理的にいうところの「学校の自律性」は学校教育に対する国家の責任（基本法七条一項）を空洞化するほどに広範なものであってはならないと述べる（H.アベナリウス／F.ハンシュマン『学校法』二〇一九年）。

具体的には、国家は公立学校教育の宗教的・世界観的中立性を確保しなければならず、子どもの教育における機会均等の請求権の保障にも任じなければならない。また学校会議の法的地位や権限行使は民主制原則と一致しなければならず、こうして学校会議の権限領域での最終的な決定権は、議会に対して責任を負う行政主体に留保されなければならないという。そしてそれを担保するために、学校プログラムの策定を学校監督庁の認可に係らしめるか、あるいは学校監督庁に専門監督の範囲内で学校プログラムへの介入権を容認する必要がある、と説くのである。

以上、学校会議の権限について見たのであるが、たとえば、生徒に対する懲戒処分事件がその例であるが、学校において重大なコンフリクトが発生した場合、学校会議の役割としてその調整機能を担っていることも重要である。この役割は学校会議を母体として別途設置された調停委員会が担当しているが、調停委員会の活動は「学校の平和」を維持し、また行政裁判にまで至るケースを少なくするのに大いに資しているとされる。

6　教員会議への生徒代表の参加

ドイツにおいては現行法制上、教員会議はほとんどの州で学校の意思決定過程においてかなり強力な権限を有しているが、多くの州においてこの教員会議への生徒代表の参加が制度化されているのは注目に値する。たとえば、ヘッセン州学校法（一九九七年）は下記のように定めている。

「学校生徒代表と副代表および生徒評議会のメンバー三人は、審議権をもって教員会議に参加することができる。成績評価会議と進級会議および教員の人事事項が審議される会議を除く、その他の教員会議にも、生徒評議会のメンバー三人までが参加することができる」。

上記ヘッセン州学校法にもあるように、教員会議において生徒代表はたいてい審議への参加権＝審議権をもつにすぎないが、ニーダーザクセン州では生徒代表に教員と同等な表決権を与えていることは注目される。

すなわち、同州学校法（一九九八年）は「学校の自律性」の法理を確認したうえで、「学校の決定は教員会議もしくは校長によってなされる」と規定し、続いて「教員会議は学校のすべての本質的な事項について決定する」との定めを置いている。そしてこれらを受けて教員会議の構成と手続について規定しているのであるが、校長や教員に加えて、教育権者（親）の代表と生徒代表も教員会議の表決権をもつ正規のメンバーとして法定しているのである。

なお、教員会議に参加する生徒代表には、教員と同じく、会議の内容について黙秘義務が課されるところとなっている。

7　州と自治体の教育行政委員会への生徒代表の参加

一六州のうちの一三州において、各種の団体の代表によって構成される州レベルの教育行政委員会として、「州学校評議会」が設置されている。その任務は、教育行政上の基本的な措置や決定ないし学校立法の準備に際して、文部省に助言したり提案することにある。

州学校評議会は様々な社会的グループの代表によって構成されているが、その中に教員代表や親代表などとともに生徒代表が含まれている。具体的に、州学校評議会に関する規定例をバーデン・ビュルテンベルク州について見ると、以下のようである。

すなわち、同州学校法（一九九三年）はまず州学校評議会の権限について「州学校評議会は学校制度の領域における基本的な措置の準備に当たって文部省に助言する。評議会は文部省に対して提案を行う権利を有する」と規定する。そこで何がいうところの「学校制度の領域における基本的な措置」に当たるかであるが、同法の権威あるコンメンタールによれば、たとえば、学校制度の構成や組織、新しいタイプの学校の導入や既存の学校の廃止、実験学校の導入などがこれに属するとされている（H. ホッホシュテッター『バーデン・ビュルテンベルク学校法』二〇〇五年）。

続いて同法は評議会の構成について「州学校評議会は親、教員、職業教育責任者、生徒、地域団体、教会、使用者団体と労働者団体の代表……によって構成される」と規定し、さらに評議会の委員は文部大臣が任命し、任期は三年であること等について定めている。

以上のような州レベルの教育行政委員会への生徒代表の参加にくわえて、多くの州で自治体レベルの生徒の教育行政参加機関が設けられている。たとえば、バーデン・ビュルテンベルク州では「すべての重要な学校事項」について学校設置者に対して聴聞権をもつ「学校評議会」が置かれており、そのメンバーに校長、教員、親、宗教団体、職業教育責任者などの代表とともに、生徒代表が含まれるところとなっている。

第6章　ドイツにおける政治教育
——法治国家的に形成された民主主義への教育

1　ボイテルスバッハの合意

一九六八年の学生による民主化要求運動を直接の契機として、ドイツにおいては一九七〇年代前半、政治教育の在り方をめぐって厳しい論争が起きたのであるが、このような状況下にあって一九七六年、バーデン・ビュルテンベルク州の「政治教育センター」が政治教授学の専門家を同州のボイテルスバッハに招待し、政治教育の在り方に関する専門家会議を開催した。センター長のS．シーレは所員のH．G．ヴェーリンクに会議における議論のミニマムな合意を集約するように依頼し、こうして纏められたのが「ボイテルスバッハの合意」と称せられているものである。

ヴェーリンクの集約によると、上記専門家会議において政治教育の基本原則として、下記の三点に関してはミニマムな合意があったとされている。

①**『圧倒の禁止』**　教員はいかなる手段によってであれ、生徒を期待される見解でもっ

て圧倒し、それによって生徒の自律的な判断の獲得を妨げることは許されない。まさにここに政治教育と教化との境界がある。教化は民主主義社会における教員の役割および生徒の政治的成熟という教育目的と相容れない。

② 『議論性の要請』　学問と政治において議論のあることは、授業においても議論のあるものとして扱わなくてならない。様々な見解が無視され、オプションが示されず、他の選択肢が説明されなければ、教育ではなく、教化になってしまうからである。

③ 『参加へのオリエンテーション』　生徒は政治状況と自分の利害関係を分析し、自分の利害にもとづいて、自らが当面の政治状況に影響を与えることができる手段と方法を探ることが可能な状態に置かれなくてはならない。

以上が「ボイテルスバッハの合意」の基本的内容であるが、詰まるところ、ここでは、政治教育における教化の禁止、政治的な論争問題は授業でもそのようなものとして扱うという要請、および政治教育の目的は生徒に自律的な政治的判断力を獲得させ、政治的成熟度を高めることにある、ということが確認されている。

もとより、教員は自由で民主的な基本秩序および基本法や州憲法に所定の基本的な諸価値を擁護する憲法上の義務を負っている。くわえて、教員は民主主義、人間の尊厳と平等の精神に向けて生徒を教育するという責務を課せられている。そして、そのために求められているのは「超党派性」であって、「価値中立性」ではない、ということが、この文脈においては重要であろう。

なお上記のボイテルスバッハの合意は専門家会議がフォーマルに決議したものではないが、この合意はその後、「政治教育における職業倫理の中核」として広く承認されるに至り、こうして今日においては、すべての州の学校法や政治教育の大綱的指針が直接、間接にこれを踏まえて策定されているとされている。学校法の規定例を引くと、例えば、ベルリン州学校法（二〇〇四年）は政治教育と係わって次のように書いている。

「教員は授業において、自己の見解を表明する権利を有する。但し、学校の教育責務の範囲内において、授業の対象として重要だと思われる他の見解もまた認められるように配慮しなくてはならない。生徒に対する一方的な影響力の行使は、いかなる場合においても認められない」。

2　文部大臣会議の「民主主義教育の強化」に関する勧告

二〇〇九年三月、文部大臣会議は「学校における歴史的政治教育の目的、対象、実践としての民主主義」と銘打った勧告を公にした。この勧告はいうところの政治教育を「歴史的政治教育」と位置づけたうえで、その目的は、これを一言でいえば、基本法が規定する「自由で民主的な基本秩序」を基本的な前提とし、この基本秩序を維持・確保し、さらに強化するために、青少年を「法治国家的に形成された民主主義」に向けて教育することにあるとしている。この勧告が別名「民主主義教育の強化勧告」と称されている所以である。

この勧告は大きく、(1)「前書き」、(2)「目的と一般的原則」、(3)「教育政策と教育行政による措置」、(4)「学校における具体化」、(5)「支援システムと学校外のパートナー」、(6)「更なる発展のための勧告」から成っているが、このうち、(1)～(4)の勧告内容について、その概要ないし要点を摘記すると下記のようである。

(1)「前書き」の概要と要点

①　ドイツが自由で民主的な社会的法治国家へ発展しているのは歴史的な所産である。基本法は各種の基本権を保障し、国家形態として民主主義を採り、民主主義の防衛を表明している。一八四九年のフランクフルト憲法制定国民議会、それに先立つ自由獲得運動、一九一九年のワイマール憲法、ナチスの暴力支配からの解放、一九四九年に基本法で規定された自由で民主的な基本秩序、さらに一九八九年の東ドイツにおける平和革命がなければ、このことは不可能であったであろう。くわえて、EU、ヨーロッパ議会、国連におけるドイツの積極的な役割がある。そこにおいてもまたドイツは人権に関する条約や宣言で子どもの権利、男女の同権、障害者の包容について、これらを明確に信奉することを表明している。

②　二〇世紀は多くの国において民主主義と法治国家が普及した舞台であってが、しかしまた人類の歴史において例を見ないような人間性と民主主義に対する犯罪の世紀でもあった。「法治国家的に形成された民主主義」は自明ではなく、それは常に習得し、闘い取り、活性化され、防御されなければならない、ということを我々は知っている。民主主義は信念をもち、政治・社会とコミットする民主主義者を必要とする。

③　統治形態としての民主主義を正当化するためには、それが多数の意思にもとづくというだけでは十分ではない。決定的に重要なのは、人権、人間の尊厳、権力分立、少数派保護および法治国家手続との係留である。

④　学校は社会を分断し、人間を蔑視する反民主主義的な歴史修正主義と対決しなければならない。社会的な連帯の強化、すべての成員の参加、多様な人種や文化の共生、寛容の促進は、錯綜する今日の時代状況にあって、学校の特別な任務である。学校はダイナミックで不断の達成課題としての民主主義が反映し、生き生きとした場所でなくてはならない。多様性と両義性への寛容は、学校における歴史的政治教育にとって基本的な条件である。

⑤　デジタル化は社会発展の原動力であり、参加へのチャンスである。しかしそれはフェーク・ニュース、ヘイトスピーチなどによって、私的な領域や自己決定、自由で民主的な発達に対して制約をもたらす。それゆえ、デジタル化には批判的なメディア・リテラシー

が伴わなければならない。

⑥　学校はすべての青少年と接することができる唯一の社会制度であるということから、学校の特別な責任が生じる。学校は民主主義についての知識を教える場としての役割だけでなく、そこにおいて青少年が民主主義を経験する場でなくてはならないという重要な責任を負う。学校は民主的で人権的な価値と規範が生き続け、自らが範を示し、それらが学習される場でなくてはならない。

(2)「目的と一般的原則」の概要と要点

①　青少年は自分自身が志向できる価値体系を必要とする。学校は自由で民主的な基本秩序に対応する価値体系を青少年に教えなくてはならない。基本法が保障する基本権は、国家の恣意に対する市民の防御権に止まらない。連邦憲法裁判所の判例によれば、基本法の基本権条項には客観的な価値秩序が具体化されている。なかでも人間の尊厳は基本法のもっとも重要な価値決定である。それは、ただ人間であるということからすべての人間に帰属し、不可侵である。したがって、学校は価値中立的な場所たりえない。学校における教育活動は、基本法が保障する基本権から導かれる、民主的な価値と行動によって担われなければならない。

②　自由で民主的な国家は、国家それ自体によってだけでは保証できないという前提に

立っている。その保証は市民の自己の信念にもとづく民主的な行動に係っている。それゆえ、学校は青少年の歴史的・政治的な判断能力、民主的な態度、行動、能力を鍵的なリテラシーとして育成し、習得させなければならない。そのための学習の機会を授業の内外で組織化するのは学校の役割である。

③「生ける民主主義」が学校の基本的な質的メルクマールでなければならない。こうして民主的な学校づくり・民主的な授業づくりという要請が生じる。「生ける民主主義の場としての学校」においては、他者の尊厳が尊重され、異なる見解に対して寛容と尊敬が払われ、市民としての勇気が強化され、民主的な手続と規則が順守され、コンフリクトは暴力から自由な方法で解決されなくてはならない。

④他人の立場を理解することは「民主主義を学習する」ということである。しかし他人の自由や見解を尊重することは中立であることを意味しない。青少年は法治国家的に形成された民主主義の優位性、その成果と機会を経験すべきなのであり、自由、正義、連帯、寛容といった民主的な基本的価値を決して随意に処分してはならない、ということを認識しなくてはならない。

⑤青少年は年齢に関係なく、自己に固有な見解を形成し、この国の民主主義に参加することができる。参加、自己責任、自信、自己の有用性、社会への関与が、できるだけ早期

に、あらゆる生活関係において学習され、経験されなくてはならない。それゆえに、生徒の学校参加は学校の教育責務の本質的な構成要素を成しているのである。

⑥　青少年は自分に係わる事柄や社会的な事項に関与するために、また学校や自分の生活空間を責任をもって共同形成するために、「知る権利」を享有している。生徒はできるだけ早期に、民主的国家と社会秩序の基本原則に関心をもち、それに慣れさせられなくてはならない。生徒は民主主義は自らのために、また社会のために責任を引き受け、権利を要求する可能性を開くということを学習し、経験すべきなのである。

(3)　「教育政策と教育行政による措置」の概要と要点

文部大臣会議は将来においてもまた民主的な学校づくり・授業づくりを促進し、学校関係者が学校および市民社会における責任と参加を担うよう勇気づける。我々が民主主義をどの程度まで実現できるかは、学校を自由で法治国家的に形成された民主主義の場として形成し、発展させることができるかどうかに係っている。学校や社会を民主的に発展させ、教員や生徒の政治・社会参加をこれまで以上に強化するために、各州が下記の措置を採ることを支援する。

(a)　すべての教科の学習指導要領で法治国家的な民主主義の内容関係事項を定める。

(b)　生徒に決定権を与え、真の参加を可能にする民主的な組織や活動形態を創設することができるように、学校に権限を与えること。また、たとえば、青少年議会その他の改革的な参加形態を創設することによって、あらゆる段階の生徒代表制を強化すること。

(c)　生徒や市民の改革的な参加形態の創設に当たって、学校を勇気づけ、支援すること。

(d)　学校が生徒を学校づくり・授業づくりに参加させ、生徒が自治体において政治・社会参加できるようにすること。

(e)　教育上不利益を受けている青少年、政治から疎遠な状態で成長した青少年の教育機会を確保するために学校を支援すること。

(f)　親がその権利を強化し、民主的な学校づくりに参加できるように、多様な参加手続の整備を支援すること。

(4)　「学校における具体化」の概要と要点

民主的な法治国家における青少年の政治・社会参加を強化し、反民主的で人間敵視的な行動に対する反対を強化することは、学校改革・授業改革およびすべての教科・教科外活動の課題である。

学校における具体化に際しては、社会科学的な教科が重要な位置を占める。しかし民主主義の学習と経験は教科横断的な課題であるから、すべての教員はその授業や行動において、自由で法治国家的な民主主義に対して義務を負う。各教科や教科外活動において、生徒が学校生活での責任を担うように、また学校生活を積極的に共同形成するように要求し、促進することが課題となる。

3　現行法制下における政治教育の制度現実

(1)　学校の教育責務と政治教育

ドイツにおいては、学校の基本的な教育責務は、これを端的に言えば、基本法が標榜する自由で民主的な基本秩序を踏まえ、青少年を、各州の憲法や学校法が規定する教育目的に沿って、人間の尊厳の尊重、民主主義、自由、平和的な志向、誠実、寛容、他者の信念に対する尊重の精神において教育すること、および社会的な行為への準備に向けて教育することにあるとされる。表現を換えると、青少年を社会の責任ある成員に向けて育成し、政治的な意思決定過程に参加できるようにすることが、学校の第一義的な役割であるとされる（R.ルクス／N.ニーフエス『学校法』二〇一三年）。

上記のような教育目的を達成するために、今日、ドイツにおいては「政治教育」が通常、正規の教育課程として制度化されており、そしていうところの「政治教育」は、平均的な教育学辞典によれば、次のように定義されている。

「政治的に重要な知識を伝達し、かつ国家や社会において、固有責任にもとづく協働と共同決定を担うことができるようにするための教育を言う。その際、知識の伝達だけではなく、政治的な行為に導くことが重要である。民主主義社会においては、すべての将来の国民は一定程度の民主的な能力と態度を獲得しなければならない。例えば、寛容、参加への能力、基本的な遵法精神、選挙権に関する積極的な態度、社会的責任、批判的態度、決定能力などがこれに属する」（J. A. ケラー／F. ノバク『教育学小辞典』一九八一年）。

(2)　政治教育の制度化

第二次大戦後、旧西ドイツにおいて、政治教育を教科として導入したのは一九四六年のヘッセン州が最初であるが、政治教育がすべての州で制度化を見たのは一九六〇年から一九七〇年代にかけてのことであった。そしてその過程において重要な役割を果たしたのは、一九五〇年の文部大臣会議勧告「政治教育に関する原則」である。この勧告は旧西ドイツを貫く「政治教育に関する原則」を示したものであって、政治教育の具体的な制度形成は教育主権を擁する各州の判断に委ねられたのであった。こうして、今日、政治教育の制度現実は州により、また学校段階や学校種により、各様の様相を呈するところとなっている。

具体的には、初等段階においては、政治教育はほとんどの州で「事実教授」の一環として行われている。政治教育が強化される中等段階Ⅰにおいては、政治教育を担っている教科の名称は州によって様々で、社会科、共同社会科、社会科学、政治教育、社会科学科、政治と経済、政治・社会・経済、政治などの科目がある。

一方、政治教育を教科横断的な「教科連合」で実施している例も見られている。バイエルン州では「社会科・経済・法」が教科連合であり、バーデン・ビュルテンベルク州の実科学校では「歴史・地学・経済学・共同社会科」がそれぞれ教科連合として政治教育を担っており、さらにノルトライン・ウエストファーレン州では「歴史・地学・政治経済」から構成される「社会科学」が学習領域として設置されている。

(3)　憲法上の教科としての政治教育

政治教育については通常、各州の学校法令や文部省規則が根拠規定をなしているが、バーデン・ビュルテンベルク州においては、かつてのワイマール憲法＝「公民科は・・・学校の教科である」と同じく、政治教育は憲法上に根拠をもち、しかも公立・私立、学校種、学校段階を問わず、すべての学校で「正課」として位置づけられている。すなわち、同州憲法二一条は「公民教育」と銘打って下記のように規定している。

◎二一条一項＝「青少年は、学校において自由で責任ある市民に向けた教育を受け、かつ学校生活の形成に参加することができるものとする」。

◎二一条二項＝「すべての学校において、共同社会科は正課とする」。

この公民教育条項について、定評ある同州憲法のコンメンタールは、①基本権と生徒の基本権行使能力、②一般的な市民的基本権の生徒による行使、③生徒の学校参加、に区分して解説を加えているのであるが、共同社会科の設置目的は生徒を一般的な市民的基本権、とくに自由な意見表明の権利、出版の自由、集会・結社の自由などの政治的基本権を行使できる主体に向けて育成することにあり、そしてその場合、生徒の学校参加が大きな教育的意味をもつと捉えていることは重要である（P. フォイヒテ編『バーデン・ビュルテンベルク州憲法』一九八七年）。

(4) 政治教育の内容

① 憲法上の基本原則と政治教育

学校法学の支配的見解および連邦憲法裁判所の確定判例によれば、基本法は「教育における国家の宗教的・政治的中立性の原則」ないし「寛容な学校の原則」を憲法上の原則として確立していると解されている。基本法が保障する基本権は「価値決定的な根本規範」なのであり、こうして、「自己の人格を自由に発達させる権利」（基本法二条一項）、「信仰・良心・世界観告白の自由」（同四条一項・二項）、「表現の自由」（同五条一項）および「親の自然的教育権」（同六条二項）などの基本権から上記の原則が憲法上の原則として導かれるとされる。子どもや親の観点から捉えると、子どもや親は「寛容な学校を求める基本権」を憲法上享有しており、そこでこの基本権に対応して、公立学校は「寛容な学校」であることが憲法上求められているということである。学校は自由と価値の多元性の面で「開かれた学校」であることが憲法上要請されている、と言い換えてもよい。

こうして、学校における政治教育の内容の決定や生徒に対する指導に際しても当然に上記原則を踏まえなくてはならず、例えば、特定の世界観や教説、党派的なプログラムなどにもとづいて生徒を教化することは生徒・親の上記基本権を侵害し、当然に違憲となる。

つぎに学校における政治教育は、基本法が標榜する「自由で民主的な基本秩序」を踏まえ、それを発展・強化するようなものでなくてはならないとされる。先に引いた文部大臣会議の「民主主義教育の強化」勧告も述べているように、「青少年は自分自身が志向できる価値体系を必要とする。学校は自由で民主的な基本秩序に対応する価値体系を青少年に教えなくてはならない」ということである。教員の教育活動に引きつけて言えば、教員は上記基本秩序に反するような政治教育を行ってはならないことは勿論であるが、より積極的にこの基本秩序を侵害ないしは危険に陥れる活動に対しては、これを除去する措置を講じなければならないとされる〈闘う民主制の原則〉。

ちなみに、この点、上記文部大臣会議勧告にも「生徒が自由で民主的な基本秩序や人権の尊重と相容れない見解を述べている場合、教員はこれを放任してはならない」とある。

それでは、いうところの「自由で民主的な基本秩序」とは具体的にどのような秩序を意味するかであるが、連邦憲法裁判所の見解（「ドイツ共産党違憲判決」・一九五六年）によれば、「あらゆる暴力支配・恣意支配を排除し、多数意思にもとづく国民の自己決定を基盤とした、自由と平等の保障を旨とする法治国家的秩序」と捉えられている。

② 政治教育の具体的内容――バーデン・ビュルテンベルク州の場合

先に言及したように、バーデン・ビュルテンベルク州においては州憲法が政治教育について規定しており、その教科である共同社会科は公立・私立、学校種、学校段階を問わず、すべての学校で「正課」として位置づけられている。州政府の公式資料（「共同社会科」・二〇二一年）によれば、共同社会科は価値観教育および規範教育に重要な貢献をする教科で、生徒が適正な知識にもとづいて、政治的な事柄に積極的に参加できるように、そのための諸条件を創出することを任としている。

そして、この教科の目的は「生徒が自己の権利と義務を自覚し、自分達の利益を代表でき、自律的に思考し、合理的に判断し、政治的なコンフリクトを合理的かつ暴力から自由な方法で解決することができ、社会的に責任をもって行動する公民を育成することにある」とされる。

それでは、バーデン・ビュルテンベルク州の共同社会科は具体的にどのような内容のものかを中等段階Ⅰについて見ると、教科書としてシュレーデル社発行の「今日の民主主義」・

二〇一六年）の第1巻（7・8学年用）と第2巻（9・10学年用）が使用されている。以下、第1巻についてだけその内容を見ると、全八章構成で、次のような教材・テーマで構成されている。

第一章「社会的グループでの共生」では、友情、個人にとってのグループ、グループとグループへの期待、コンフリクトとは何か、どうしたらコンフリクトを解決できるか、コンフリクトをめぐる役割行動、青少年団体、クラス共同体、学校内での乱暴な態度がテーマとして取り上げられている。

第二章「メディア社会での生活」では、インターネットとその利用、インターネットからの情報、インターネットでのコミュニケーション、インターネットでの楽しみ、インターネットでの危険、インターネット常用癖、データー保護、インターネットと法、報道はどのようになされるか、経済と報道、メディアにおける表現、メディアでの報道、意見表明の自由と世論操作、メディアの影響が個別テーマとして取り上げられている。

第三章「家族と社会」では、次のような個別テーマが設定されている。家族とは何か、共同生活の形態、家族――昔と今、生活パートナー、家族の役割、教育目的――教育手段、家計、家庭における共助・役割分担・コンフリクト、家族間のコンフリクトの解消、家族に対する国の保護、国家は家族をどのように支援するか、親のための時間と資金、養育費用、男女同権への道、女性に対する報酬、少女の日と少年の日。

第四章「ドイツへの移民」では、次のようなテーマが取り上げられている。移民、ドイツにおける移民の割合、外国人労働者、ドイツのイスラム教徒、移民背景をもつ人々、強制移住者、貧しい移民、難民、亡命する権利、ドイツ社会への統合、自治体の統合政策、公民権、偏見、積極的移民政策、ＥＵの移民政策。

第五章「子どもの権利」では、次のようなテーマが取り上げられている。子ども達の生活状況、貧困の中の子ども達、国連の子どもの権利条約、子どもの権利――生きる権利、保護を受ける権利、教育を受ける権利、参加する権利、健康への権利、知る権利――、子どもの権利の侵害、子どもの権利の実現、子ども支援組織、子どもの権利の保護。

第六章「青少年の法的地位と法秩序」では、次のようなテーマが設定されている。青少年の法的地位、未成年者との売買契約、親の配慮権、青少年保護法、青少年と喫煙、青少年犯罪、青少年の刑事責任、刑罰の目的、犯罪者・犯罪被害者、青少年裁判所、裁判官とのインタビュー、法治国家の原則、法の意義、公法と私法、裁判権の構成、刑事訴訟、民事訴訟、模擬法廷、参審院。

第七章「基本権」では、次のようなテーマが取り上げられている。人間の尊厳――基本法の基盤、基本権概観、基本権の特別な地位、自由権、平等権、基本権の侵害、基本権の保持、信仰の自由、表現の自由・出版の自由、集会の自由、基本権の衝突、ドイツのロマ。

第八章「学校における参加」では、次のようなテーマが取り上げられている。クラスでの決定の仕方、民主主義における選挙の原則、誰がクラス代表になるか、生徒代表制、州生徒評議会、生徒代表制と評価、学校生活の協同形成、学校における決定、生徒の参加、学校会議、生徒間の争いの調停、学校におけるコンフリクト、学級評議会。

以上がバーデン・ビュルテンベルク州の7・8学年用共同社会科の教科書の概要であるが、その内容は基本的人権と民主主義を基軸に据え、わが国の「主権者教育」〈「有権者教育」・「選挙教育」〉の域をはるかに超えて、実に広範・多岐に亘っていることが知られる。

4　政治教育行政の仕組みと課題――価値多元性・超党派性・独立性の確保

(1)　連邦政治教育センターの設置

第二次大戦後、連合国側は「ドイツ国民を民主主義に向けて教育し直す」という、いわゆる「再教育政策」を構想し、その一環として抜本的な教育制度改革を企図したのであるが、こうした動向の中で一九五二年、連邦内務省所管の行政機関として「連邦祖国奉仕センター」が設置された。このセンターには当初、民主主義的な価値と規範の普及、ナチスの清算、共産主義との対決、自由な教育主体の育成などの役割が期待された。その後、同奉仕センターは一九六三年に「連邦政治教育センター」と改称されて今日に至っているのであるが、現行法制下における同センターの任務と組織構造の概要を見ると、下記のようである。

(2)　連邦政治教育センターの任務と組織

・連邦政治教育センターの法的地位と管理運営

連邦政治教育センター設置規則によれば、同センターは連邦内務省所管の「権利能力を有さない公法上の施設」として位置づけられている。

連邦政治教育センターの管理運営権は総裁に属している。総裁は連邦内務大臣によって任命される。総裁はセンターのすべての法律行為を代表する。センターには一二人の専門家から構成される学術評議会が置かれる。学術評議会の任務は政治教育に関する事柄について総裁に助言・勧告することにある。学術評議会のメンバーは四年の任期で連邦内務大臣が任命する。

センターの活動の政治的抑制を確保するために、連邦議会議員二二人からから構成される理事会が設置される。理事は連邦議会各党の提案にもとづき、連邦議会議長が任命する。総裁は理事会に対してセンターの年度予算、計画書、活動報告書を提出しなければならず、適時、重要な事項や学術評議会による勧告について報告しなければならない。

・連邦政治教育センターの任務と活動内容

上記のセンター設置規則によれば、連邦政治教育センターの目的は「政治教育のための様々な措置によって、現実政治についての理解を促進し、民主的な意識を確乎たるものとし、政治参加に向けた準備を強化することにある」とされる。センターの活動は学校における政治教育だけではなく、学校外の青少年や成人を対象とした政治教育にも及んでおり、実に広範多岐に亘っているのであるが、その主要なものを掲記すると下記のようである。

① 会議、ゼミナール、フォーラムの開催――ホロコースト会議の開催など。
② 展示会やイベントの開催――生徒による政治教育コンテストの開催、政治教育のための学習旅行の実施など。
③ 政治教育のための教材・教具や教育方法の開発、政治教育のためのネットワークの構築と調整。
④ 刊行物の発行――政治教育のための情報誌、ニュースレター、雑誌「政治と現代史」、週刊新聞「議会」、政治・法律・経済・現代史・社会に関するモノグラフィーの刊行、少年向けの雑誌・コミック・政治辞典の発行、生徒カレンダーの作成。

・連邦政治教育センターの活動原則

既述のように、連邦政治教育センターは連邦内務省所管の「権利能力を有さない公法上の施設」として位置づけられており、その業務は「公の信託」にもとづくものである。したがって、その活動に際しては基本原則として価値多元性、超党派性、独立性が求められている。

(3)　各州での政治教育センター設置の経緯

州レベルで政治教育センターが設置されたのは、西ドイツ建国前の一九四六年にノルトライン・ウエストファーレン州が設置したのが最初である。一九五四年二月、各州の首相がミュンヘンに会し、政治教育センターをすべての州で設置することに合意したこともあって、一九五〇年代末までには西ドイツ一一州のすべてで設置された。またドイツ統一後の一九九一年には旧東ドイツの五州もこれに加わり、こうして政治教育センターはドイツのすべての州において設置を見るに至った。

各州の政治教育センターの設置目的・任務・法的地位・管理運営などについてはそれぞれの設置規則で規定されており、現行法制上、州による違いはさほど認められない。

(4)　ミュンヘン宣言——民主主義と政治教育

一九九七年五月、「民主主義は政治教育を必要とする」と題するいわゆるミュンヘン宣言が発せられた。この宣言は連邦政治教育センターと各州の政治教育センターが共同で策定したもので、「民主的な法治国家は、市民の成熟した共同思考と共同行為によって、および自らの責任で、かつ社会的な責任として、憲法で規定された規範や価値を尊重し、それに対して自らも積極的に関与する判断力をもつ市民を育成することによって、存続することができる」との基本的認識のもとに、二一世紀における政治教育と政治教育センターの在り方について提言したものである。その背景には、高度情報化社会の進展によって、「人々は『情報の巨人』にはなるが、しかし『教育の小人』に止まる危険性がある」との危機意識があった。この「宣言」は大きく七本の柱から成っており、それぞれのリード文を記すと下記のようである。

① 【公の信託にもとづく政治教育は価値多元的、超党派的に、かつ独立して活動する】。
② 【政治教育センターは市民の政治参加を促進する】
③ 【政治教育センターはグローバルな将来的課題に向けて準備する】
④ 【政治教育センターは経済的に困難な時代にあっても民主主義の安定化のために活動する】
⑤ 【ドイツの新州においては政治教育に特別な任務が期待される】
⑥ 【ドイツの歴史の批判的総括は政治教育の中心的な任務である】
⑦ 【政治教育には多様な方法と活動形態が必要である】

(5) 政治教育センターの職務遂行をめぐる問題

既述したように、政治教育センターには業務遂行上、価値多元性、超党派性および独立性が要求されている。上記ミュンヘン宣言も述べているように、政治教育センターがその任務を全うするためには、これらの原則が確保されることが必須かつ不可欠の要件をなしており、だからこそ現行法制もそれを制度的に担保するために、センターの組織編成や管理運営の面で様々な工夫を凝らしているところである。

しかし現実には政治教育センターの活動をめぐっては、政党や経営者団体などの利害関係者による介入だけではなく、連邦憲法裁判所によって違憲判決が出されるというケースも見られている。以下に、代表的な事例を見ておこう。

①連邦憲法裁判所の連邦政治教育センターの活動に対する違憲判決

【事実の概要】

二〇〇四年、政治学者・K．レーウは連邦政治教育センターの編集に係る雑誌「ドイツ公文書館」に「憲法と歴史におけるドイツのアイデンティティー」と題する論文を発表した。彼は論文でナチス期のドイツ国民の間での反ユダヤ主義の拡がりに言及し、「あの時代のドイツ人の多くは反ユダヤ主義の立場ではなく、むしろユダヤ人に好感をもち、『ハーケン・クロイツの下でのドイツ人とユダヤ人の共生』を志向していた」との見解を示した。雑誌の刊行後に初めてこの内容を知ったセンターの指導部は、雑誌の残部を廃棄処分にするとともに、このような論文を掲載したことについて定期購読者に謝罪の手紙を送った。謝罪文でセンターは、この論文はセンターの基本的な任務と相容れず、これによりセンターの固有の業務が著しく阻害されたとしたうえで、この論文によって侮辱されたと感じるすべての読者に心からお詫び申し上げると記した。

原告は上記センターの謝罪文によって著しく名誉を棄損されたとしてケルン行政裁判所に提訴したが、同裁判所は二〇〇六年一月、これを棄却した。控訴審も同年九月、原告の訴えを斥けた。そこで原告は連邦憲法裁判所に憲法異議の訴えを提起したのであった。

【判旨】

連邦憲法裁判所は二〇一〇年八月、下記のように判じて原告の訴えを認めた。

「ノルトライン・ウエストファーレン州高等行政裁判所の二〇〇六年九月の決定およびケルン行政裁判所の二〇〇六年一月の判決は、憲法異議申立て人の基本法二条一項が保障する基本権（自己の人格を自由に発達させる権利・筆者）を侵害する。これらの決定を取り消し、事案をケルン行政裁判所に差し戻す」。

②連邦内務省による連邦政治教育センターの業務への介入事件

二〇一九年三月、連邦政治教育センターはその第一四回連邦会議に活動的芸術家グループの代表・P．ルフを講演者として招待しようとした。予定された演題は「何が我々を動かすのか。政治と社会における感情」であった。

しかし所轄庁である連邦内務省はルフの招待を許可しなかった。ルフの講演内容が国家機関によって正当化されたと曲解される虞がある、というのがその理由であった。社会民主党の党員で同センターの理事でもある一一人の連邦議会議員が内務大臣に書簡を送り、予定通り、ルフの講演を認めるよう強く要求した。同盟90／緑の党も内務省の決定は「意見表明の自由に対する攻撃」だとしてこれを強く批判し、さらに左派党も「内務省は自らにとって政治的に好ましくない芸術家を排除しようとしている。民主主義国家においては内務省の気に入らない芸術もまた議論する可能性が保障されなければならない」と述べて、内務省を指弾した。

シュレスヴィヒ・ホルシュタイン州の政治教育センター代理人のC．M．ハイデマンも次のように述べて、内務省を厳しく批判したのであった。「人々が芸術の内容を評価するかどうかとは関係なく、芸術を批判的に議論する可能性が保障されなくてはならない。しかし今回、この議論は内務省による招待取消しで不可能となった。内務省の今回の決定は連邦政治教育センターの独立性への介入であり、専門監督権の濫用に他ならない」。

③ドイツ経営者連盟による連邦政治教育センターの業務への介入事件

二〇一五年二月にセンターから刊行された著作「経済と社会」は一二人の著者が執筆した「学校内外における政治教育の構成要素」という論稿から成っていた。同年六月、ドイツ経営者連盟事務局のP．クレバーは連邦内務大臣と連邦政治教育センター長に書簡を送り、この著作は経営者に対する悪意に満ちており、経済に対する一方的なプロパガンダでしかないとして、内務省にこの本の出版差し止めを求めた。

ドイツ社会学会は経営者連盟の一連の行動は著者の「学問の自由」「表現の自由」「出版の自由」などの基本権を侵害するものだとして厳しく批判し、連邦政治教育センターの学術評議会も反対決議をするに至り、こうして二〇一五年一一月、内務省は出版差し止めの申請を正式に却下したのであった。

あとがき

二〇二三年一月に信山社から「学術選書」として刊行された拙著『青少年の政治的基本権と政治参加――日本とドイツ』は五八九頁に及ぶ大部の、しかも多分に高価な専門的学術書であった。このような拙著をより広い読者層を意識してコンパクトにまとめて新書版として刊行してはどうかというお勧めを、信山社の袖山貴社長と稲葉文子編集部長から頂いた。本書はこうして生まれたものである。

本書の副題にあるように、わが国の民主主義を強化するためには「青少年の政治参加」が必須不可欠であるが、いうところの「青少年の政治参加」を強化し拡充するためには具体的に何が求められているのか。また学校の役割・目的は、これを端的に言えば、青少年を「自律的で成熟した責任ある市民」・「自由で民主的な主権主体」・「能動的な政治主体」に向けて育成することにあるが〈「自律への教育」・「民主主義への教育」〉、そのためには教育行政や学校はいかにあるべきか。本書は憲法上の基本原理である民主制原理と法治国家原理を基軸に据えて、主要にはこうした課題にドイツとの比較教育法制という視座からアプローチしたものである。本書がわが国の教育政策や学校の有りよう、ひいては新設の主権者教育の有りようを考えるうえで些かなりとも資するところがあれば幸いである。

『ドイツの学校法制と学校法学』（二〇一九年）、『青少年の政治的基本権と政治参加――日本とドイツ』（二〇二三年）に続いて、今回こうした出版機会を与えてくださった信山社の右記お二方に厚くお礼を申し上げたい。

二〇二三年一〇月

結城　忠

〈著者紹介〉

結城 忠（ゆうき　まこと）

1944（昭和19）年、広島市に生まれる。広島大学政経学部卒。国立教育研究所室長、ドイツ国際教育研究所客員研究員、上越教育大学教職大学院教授、白鷗大学教授を経て、現在、国立教育政策研究所名誉所員。教育学博士。第14期日本教育行政学会会長。

〈主要著書〉

『青少年の政治的基本権と政治参加——日本とドイツ』信山社、2023年
『ドイツの学校法制と学校法学』信山社、2019年
『高校生の法的地位と政治活動——日本とドイツ』エイデル研究所、2017年
『日本国憲法と義務教育』青山社、2012年
『教育の自治・分権と学校法制』東信堂、2009年
『生徒の法的地位』教育開発研究所、2007年など。

信山社新書

青少年の政治参加
——民主主義を強化するために

2023（令和５）年11月25日　第１版第１刷発行

©著　者　結　城　　忠
発行者　今　井　　貴
　　　　稲　葉　文　子
発行所　㈱　信　山　社
〒113-0033　東京都文京区本郷6-2-102
電話　03(3818)1019　FAX　03(3818)0344

Printed in Japan, 2023　　印刷・製本／藤原印刷株式会社

ISBN 978-4-7972-8332-7 C0237 ￥1800E